Gabriele Waste

Genuin katholisch:

Edith Stein

Wenn wir uns Gott ganz in die Hände geben,
dürfen wir zu ihm das Vertrauen haben,
dass er aus uns etwas machen kann.

Edith Stein

Gabriele Waste

Genuin katholisch:
Edith Stein

Verlag Kardinal-von-Galen-Kreis e.V.

Bibliographische Information Der Deutschen Bibliothek

Die Deutsche Bibliothek verzeichnet diese Publikation in der Deutschen Nationalbibliographie, detaillierte bibliographische Daten sind im Internet über http://dnb.ddb.de abrufbar

ISBN 978-3-9812187-6-3

Herstellung:

Books on Demand GmbH

NORDERSTEDT

Inhalt

Vorwort des Herausgebers

Der zweite Band der QAESTIONES **NON** DISPUTATAE in der theologischen Schriftenreihe unter der Herausgeberschaft von Johannes Bökmann stellt dem Werk Prof. Dr. Georg Mays einen Ausspruch von G. K. Chesterton als Leitspruch voran: *Die Kirche allein bewahrt uns vor der erniedrigenden Knechtschaft, ein Kind seiner Zeit zu sein.* Voraussetzung dafür ist allerdings, daß jeder individuell der Kirche anhängt und ihr treu folgt. Wie es damit steht, mag jeder für sich selbst beantworten.

Die Autorin, Frau Dr. Gabriele Waste, Verehrerin und Gefolgsfrau der Hl. Teresia Benedicta a Cruce OCD – Edith Stein – studiert seit langem Werk und Schriften der Heiligen, die Papst Johannes Paul II. am 1. Mai 1987 selig- und am 11. Oktober 1998 heiliggesprochen und zu einer der Patrone Europas ernannt hat. Aufgrund ihres reichen Wissens hat Frau Dr. Waste in Beiträgen zu Zeitschriften und Artikeln in diversen Büchern zu verschiedenen aktuellen Fragen Stellung genommen. Diese Beiträge werden in zumeist überarbeiteter und ergänzter Gestalt in diesem Sammelband vorgelegt. Die Aktualität wird jedem bald einleuchten, der feststellen kann, daß ihre Beiträge vielfach Gegenposition be-

ziehen zu Schriften der Edith-Stein-Gesellschaft Deutschland e.V., die die große Heilige auf ihrer Homepage als „Philosophin – Theologin – Mystikerin" bezeichnet. Ihre Größe und Heiligkeit aufgrund ihres Martyriums wird in diesem Untertitel nicht deutlich, obwohl ihr Martyrertod wesentlicher Grund für ihre Kanonisation war.
Die hier zusammengestellten Beiträge beziehen sich teils auf ausdrückliche Schriften Edith Steins, teils auf Äußerungen der Heiligen, die man als „Diskussions"-Beitrag zu aktuellen Themen bezeichnen kann.
In ihren Schriften hat Edith Stein eine bewundernswerte Treue zu Lehre und Disziplin der Kirche an den Tag gelegt. Obwohl sie sich ausdrücklich gegen das Priestertum der Frau gewandt hat, hindert dies z.B. Frau Hanna-Barbara Gerl-Falkovitz, die Vizepräsidentin der Edith-Stein-Gesellschaft, nicht, gegen die klare Weisung des kirchlichen Lehramtes den Diakonat für die Frau zu fordern, wie Georg May[1] im oben zitierten Band anhand von Presseveröffentlichungen nachweist. Daß Edith Stein für modernistische Positionen in der heutigen Kirche, vor allem in Deutschland, in Anspruch genommen wird, entbehrt ebenfalls jeglicher Grundlage in den Schriften der Heiligen. Die Edith-Stein-Gesellschaft muß um ihrer Glaubwürdigkeit willen noch eine besonders wichtige Klärung herbeiführen. Es kann nicht angehen, die Bereitschaft der Heiligen zur Übernahme des Martyriums „für ihr Volk" aus falscher Rücksicht auf bestimmte jüdische Kreise um- oder weginterpretieren, die ihrerseits nicht anerkennen wollen, daß Edith Stein den katholischen Glauben mit voller Bereitschaft angenommen hat.
Diese kritischen Vorbemerkungen mögen genügen, um den Leser neugierig zu machen auf eine Schrift, der der Herausgeber weite Verbreitung wünscht, damit wichtige Gedanken und Anregungen den Weg in die unvoreingenommene Auseinandersetzung finden. Abschließend sei bemerkt: Abschätzige Urteile gegenüber durchdachten Positionen haben nichts mit einem sachlichen Diskurs zu tun.

9. August 2012, Fest der hl. Teresia Benedicta a Cruce OCD

Kardinal-von-Galen-Kreis e.V.

Reinhard Dörner, Hg.

---

[1] Georg May, Die andere Hierarchie. In der Reihe „Quaestiones **non** disputatae", Bd. II. Verlag Franz Schmitt 1997. ISBN 3-87710-253-0. 103

Der Mensch im Lichte der christlichen Metaphysik nach Edith Stein[1]

1. Der Begriff einer "christlichen Philosophie" und deren Bedeutung bei Edith Stein

Zu den grundlegenden Maximen im Werk Edith Steins nach ihrer Konversion und im Gefolge ihrer wissenschaftlichen Auseinandersetzung mit der Scholastik gehört die ontologische Einsicht, "dass das menschliche Sein wie alles Endliche auf Gott zurückweist und ohne Beziehung zum göttlichen Sein unbegreiflich wäre".[2] Infolge seiner Begrenztheit und der damit verbundenen Abhängigkeit vom ersten und damit unendlich Seienden, dem die Attribute unserer Gottesidee entsprechen, stoße der Mensch auf eine Reihe von Fragen, die weder durch Erfahrung noch durch philosophische Einsicht gelöst werden können. Daher ist für Edith Stein die Philosophie notwendig auf die Theologie und damit auf die Ergänzung durch die Offenbarungswahrheiten verwiesen. Auf dieser Grundlage profiliert sich bereits das in den späteren Werken Steins ausführlich thematisierte Konzept einer "christlichen Philosophie" als das

> Ideal eines "perfectum opus rationis", dem es gelungen wäre, die Gesamtheit dessen, was natürliche **Vernunft** und **Offenbarung** uns zugänglich machen, zu einer **Einheit** zusammenzufassen.[3]

Das unterscheidende Merkmal dieser Zusammenschau von natürlicher und übernatürlicher Erkenntnis, die sowohl dem Gegenstand als auch dem Vollzug nach unterschieden sind, gehört die Integrierung von Materialanleihen bei der Offenbarung in ein System, das auch außerhalb der Theologie seine Geltung hat. Damit unterscheidet sich Edith Stein wesentlich von Thomas von Aquin, dem zufolge Glaubenswahrheiten nur innerhalb der Theologie reflektiert werden sollen. Eine rein forma-

---

1 Erstveröffentlichung in: Reinhard Dörner (Hg.), „'...um des Himmelreiches willen' (Mt 19,12) – Leben in der Nachfolge Christi als Ärgernis für die Welt". Berichtband der Osterakademie 2011 in Kevelaer. ISBN 978-3-9812187-5-6. 181-192

2 Edith Stein: Aufbau der menschlichen Person. Vorlesung zur philosophischen Anthropologie (im folgenden abgekürzt: AMP). ESGA (Edith-Stein-Gesamtausgabe) 14. Freiburg 2004, 159

3 Edith Stein: Endliches und ewiges Sein. Versuch eines Aufstiegs zum Sinn des Seins (im folgenden abgekürzt: EES). ESGA 11/12, Freiburg 2006, 33 (Herv. G.W.)

le Abhängigkeit der Philosophie vom Glauben, die lediglich der Gewissheit von Erkenntnissen dient, ist ihrer Meinung nach unzureichend. Denn schließlich müssen sich die Wahrheiten des katholischen Glaubens, die mit der Idee des der natürlichen Erkenntnis unzugänglichen Mysteriums stehen und fallen, gerade auch in der praktischen Erziehungsarbeit auswirken:

> Aus welchem andern Grund sollte Gott die Schleier von Seinen Geheimnissen für uns gelüftet haben, als weil sie für uns zum Leben notwendig sind, zu *dem* Leben, zu dem wir berufen sind? Wenn aber eine Pädagogik darauf verzichtet, aus der Offenbarung zu schöpfen, so riskiert sie es, das Wesentlichste außer Acht zu lassen, was wir über den Menschen, sein Ziel und seinen Weg wissen können, sie schneidet sich also prinzipiell davon ab, ihren Gegenstand (d.i. die Erziehung des Menschen) ausreichend zu bestimmen.[4]

Auf diese Weise wird die Pädagogik für Edith Stein zwar nicht Theologie, tritt aber zu dieser in eine "wesenhafte und unaufhebbare Beziehung".[5] Dadurch kann sie die Defizite der zu ihrer Zeit pädagogisch wirksamen Menschenbilder, nämlich des Idealismus und der Tiefenpsychologie, im Lichte der christlichen Metaphysik aufzeigen und im Rahmen ihrer *Theologischen Anthropologie* deuten. Diese Überlegungen Edith Steins besitzen aber zeitlose Gültigkeit gerade im Hinblick auf aktuelle Problemstellungen.

2. Der deutsche Idealismus (das Humanitätsideal)

Nachdem der deutsche Idealismus in der Mitte des 19. Jahrhunderts durch positivistische Strömungen verdrängt worden war, gewann er in den darauffolgenden Jahrzehnten nochmals an Bedeutung, bis er im Gefolge des Ersten Weltkriegs einen endgültigen Zusammenbruch erfuhr. Zur Zeit Edith Steins waren seine Auswirkungen in der Pädagogik allerdings noch spürbar, und seine paradigmatische Geltung als pädagogische Theorie setzt sich bis in unsere Tage fort.

[4] AMP 162 (kurs. orig.)
[5] Ebd.

2.1. Inhalt und Defizite

Den Grundzug des Idealismus sieht Edith Stein im Bemühen um eine progressive Annäherung an jenes Vollkommenheitsideal, das Lessing, Herder, Schiller und Goethe in ihren Werken übereinstimmend skizzieren: Der Mensch ist frei und hat als Glied in der Kette des gesamten Menschengeschlechts im Rahmen seiner ethnischen Eigenart seine spezifische Aufgabe im Gang der Menschheitsentwicklung zu erfüllen. Auch jedes Volk in seiner Gesamtheit ist in diesen Entwicklungsprozess eingebunden. Freiheit und die Entfaltung der individuellen Anlagen haben einen hohen Stellenwert in diesem von pädagogischem Enthusiasmus und Aktivismus geprägten Erziehungsideal. Die Weckung und Entfaltung der persönlichen Fähigkeiten des Zöglings im Rahmen des Humanitätsideals stellen folglich hohe Anforderungen an den Erzieher, zumal dessen Tätigkeit auf der anderen Seite auch den – selbst noch so optimistisch geführten – Kampf mit der “niederen” Natur umfasst. Denn entsprechend dem Erbe Rousseaus’ ist das Vertrauen auf den positiven Wert der menschlichen Natur und die Kraft der Vernunft sehr stark.
Die Schwachstelle dieser Theorie liegt aber für Edith Stein gerade in ihrer rationalistischen Einfärbung, wodurch die Tiefenschichten der menschlichen Natur ausgeklammert werden:

> Es entspricht dem **Intellektualismus** dieser Philosophie, nur das in Betracht zu ziehen, was für den Intellekt fassbar ist. Auch von den irrationalen Restbeständen, die man gelten lassen muss (Empfindungen, Trieben usw.), kommt nur das in Frage, was ins Licht des Bewusstseins fällt.[6]

Nur so könne man das Entstehen jener Oberflächenpsychologie erklären, die eine bloße Kette von Bewusstseinsdaten zum Gegenstand hat. Der tiefergreifende systematische Mangel des Idealismus, nämlich seine Eingrenzung auf die Immanenz, zeigt sich aber erst im Vergleich mit der christlichen Anthropologie.

2.2. Humanitätsideal vs. christliche Anthropologie

Der idealistische Humanismus kommt mit der christlichen Anthropologie zwar unter mehreren Aspekten überein: der

---

6 Vgl. ebd. 4f. (Herv. G.W.)

> Überzeugung von der Güte der menschlichen Natur, von der Freiheit des Menschen, von seiner Berufung zur Vollkommenheit, von seiner verantwortlichen Stellung in dem einheitlichen Ganzen des Menschengeschlechts[7].

Diese Konvergenzen sind aber rein äußerlicher und materieller Art. Denn aus teleologischer Sicht besteht zwischen den beiden Richtungen ein unüberbrückbarer Gegensatz, der nur in theologischen Kategorien, nämlich im Rückgriff auf die Erbsündenlehre, fassbar ist:

> Von der christlichen Anthropologie her gesehen enthüllt sich das *humanistische Idealbild* als Bild des integren Menschen, des Menschen vor dem Fall, aber sein Ursprung und sein Ziel sind außer Acht gelassen, die Tatsache der Erbsünde bleibt ausgeschaltet.[8]

Der Humanismus entspricht also jenem "reinen Naturstand", den Edith Stein mehrfach als "Illusion" bezeichnet, zwar denkbar, aber niemals historisch verwirklicht.[9] In Anlehnung an die Lehre der Kirche betont sie, dass bereits den ersten Menschen von vornherein mehr mitgegeben wurde als das, was zur menschlichen Natur notwendig gehört, nämlich jene "außernatürlichen Gaben", welche die "bloße Natur" zur *"integren Natur"* ergänzten: die Bewahrung vor Leiden, Tod und Begehren.[10] Diese Gaben heißen "außernatürlich" und nicht "übernatürlich", weil das Wesen des Menschen dadurch keine innere Veränderung erfährt.
Die Fiktion des reinen Naturzustandes, der die Schwächung durch die Erbsünde negiert, liegt dem idealistischen Humanismus ebenso zugrunde wie den damit verwandten pädagogischen Strömungen. Dazu gehören jene "modernen Reformpädagogen", die zur Wahrung und Entfaltung menschlicher Individualität eine Erziehung propagieren, die letztlich nichts anderes ist als krasse (Selbst-)Überschätzung. Im Rahmen ihrer Vortragstätigkeit setzt sich Edith Stein mit solchen Modellen kritisch auseinander:

> Das Kind soll sich *selbst* betätigen, man soll es frei nach seinen Antrieben sich gestalten lassen, man soll mit keinem äußeren Zwang an es herantreten.[11]

---

7 Ebd. 4

8 Ebd. 13 (Herv. orig.)

9 Edith Stein: Was ist der Mensch? Theologische Anthropologie (im folgenden abgekürzt: WIM). ESGA 15. Freiburg 2005, 19

10 Ebd. 27

11 Edith Stein: Wahrheit und Klarheit im Unterricht und in der Erziehung. In: Bildung und Entfaltung der Individualität. Beiträge zum christlichen Erziehungsauftrag (im folgenden abgekürzt: BEI). ESGA 16. Freiburg 2001, 7

Zwar sei in diesem Konzept etwas Richtiges enthalten, nämlich die Weckung der kindlichen Offenheit. Die menschliche Individualität könne aber nicht im rein natürlichen Bereich verankert werden, weil deren vollständige Erkenntnis auf diese Weise unmöglich sei:

> Die Individualität als das Bild, das Gott selbst von dem einzelnen Menschen in sich trägt und nach dem er ihn gestaltet wissen will, gehört zu den Geheimnissen, die Gott sich selbst vorbehalten hat und die für keinen Menschen vollständig erkennbar sind. [...] Der einzige, der für eine Erziehung auf das individuelle Ziel hin fähig wäre, wäre *Gott.*[12]

Dieser verkürzten Anthropologie des idealistischen Humanismus stellt Edith Stein das Menschenbild der christlichen Anthropologie unter dem besonderen Aspekt der Gottebenbildlichkeit entgegen.

2.3. Der Mensch als Abbild der Trinität

Die christliche Anthropologie kommt zwar mit dem idealistischen Humanismus in der Überzeugung von den positiven Qualitäten der menschlichen Natur und der Berufung zur Vollkommenheit in freier Entfaltung der individuellen Fähigkeiten im Rahmen des einheitlichen Ganzen überein. Das Menschenbild der christlichen Metaphysik hat allerdings eine völlig andere Grundlage:

> Gut ist der Mensch, sofern er von Gott geschaffen ist, nach seinem Bilde geschaffen ist, und das in einem ihn vor allen andern irdischen Geschöpfen auszeichnenden Sinn. **Seinem Geist ist das Bild der Trinität eingeprägt.**[13]

In Fortführung der psychologischen Trinitätslehre des hl. Augustinus, im besonderen der Trias Erkenntnis, Liebe und Geist, stellt Edith Stein die Relation zwischen göttlichem Urbild und menschlichem Abbild her:

> Der Menschengeist liebt sich selbst. Er muss sich erkennen, um sich lieben zu können. Erkenntnis und Liebe sind im Geist, also eins mit ihm, sind sein Leben. [...] Die Erkenntnis wird aus dem Geist geboren, und aus dem erkennenden Geist geht die Liebe hervor. So kann man **Geist, Erkenntnis** und **Liebe** als **Abbild** des **Vaters** des **Sohnes** und des **Hl. Geistes** ansehen.[14]

---

[12] Ebd.

[13] AMP 9

[14] Ebd. (Herv. G.W.)

Diese Abbildlichkeit ist für Edith Stein kein "bloßes Gleichnis, sondern hat eine sehr reale Bedeutung" im Hinblick auf die Bestimmung des Menschen. Dieser ist existentiell von Gott abhängig, denn er "*ist* nur durch Gott, und ist, *was* er ist, durch Gott". Dem göttlichen Urbild entsprechend ist sein Seinsvollzug trinitarisch strukturiert:

> Weil er **Geist** ist und weil er als Geist mit dem Licht der Vernunft, d.h. mit dem Abbild des göttlichen Logos, ausgerüstet ist, kann er **erkennen**. Weil der Geist Wille ist, wird er durch die Güte – die reine Güte und ihre irdischen Abbilder – angezogen, **liebt** er und kann sich mit dem göttlichen Willen vereinigen und dadurch erst die wahre Freiheit finden. Den eigenen Willen dem göttlichen Willen gleichförmig zu machen – das ist der Weg, der zur Vollendung des Menschen in der Glorie führt.[15]

Durch die Ausrichtung auf ein jenseitiges Ziel unterscheidet sich das christliche Menschenbild radikal von den rein irdischen Wertvorstellungen des Humanismus. In dieser übernatürlichen Bestimmung ist auch die Individualität des Menschen verankert, die in der bewussten Nachfolge Christi verwirklicht wird. Im damit verbundenen Verzicht auf den Eigenwillen, wodurch der Mensch die Leitung seines Lebens in die Hand Gottes legt, sieht nämlich Edith Stein keine Einschränkung der Individualität, sondern vielmehr deren eigentliche Entfaltung. Daher könne das Ziel christlicher Erziehungsarbeit nur in der Hinführung zu dieser Nachfolge bestehen:

> Gott führt den Menschen so, dass er *wahrer* Mensch wird. Das kann aber nie heißen, dass er "ein Mensch im allgemeinen" wird, denn *Menschentum* und wahres Menschentum gibt es nur in *individueller Ausprägung*. Wer sein Leben in Gottes Hand gibt, der kann sicher sein und *nur der* kann sicher sein, dass er ganz er selbst wird, d.h. dass er das wird, was Gott für ihn ganz persönlich vorgesehen hat.[16]

Folglich wertet Edith Stein die ängstliche Sorge um die Wahrung der Individualität und das Forschen danach, wie es die moderne Pädagogik beherrscht, als törichtes Unterfangen.
Die Wiedererlangung der Gottebenbildlichkeit in der Nachfolge Christi gehört – nach dem Schema Edith Steins – zum ersten Paradigma als Kontrapunkt zum idealistischen Humanismus. Die Mittel zur Erreichung dieses Ziels stehen wiederum im Vordergrund des zweiten Mo-

---

[15] Ebd. 9f.

[16] BEI 7

dells, der Tiefenpsychologie und deren Überwindung aus christlicher Sicht.

3. Das Bild des Menschen nach der Tiefenpsychologie

Die Tiefenpsychologie gehört als "Entdeckung der Gewalten der Tiefe"[17] zur gleichen paradigmatischen Reihe wie die Romantik, die sich jedoch gegenüber den stärkeren Zeitströmungen nicht durchzusetzen vermochte. Die Psychoanalyse hingegen entfaltete in den Wirren des Ersten Weltkriegs und der Nachkriegszeit eine ungeheure Wirkung, nachdem die Illusion eines auf Vernunft, Humanität und Kultur gegründeten Menschenbildes offenkundig geworden war.

3.1. Grundlagen und Grenzen

Im Unterschied zur "Oberflächenpsychologie" des Humanismus konzentriert sich die Tiefenpsychologie auf die dem normalen Bewusstsein unzugänglichen Abgründe des menschlichen Daseins. Ursprünglich eine elitäre Theorie, die vor dem Krieg hauptsächlich in der russischen Literatur (Tolstoi, Dostojewski) und in intellektuellen Kreisen beheimatet war, wurde sie im Gefolge des Krieges und der damit verbundenen Verunsicherung zur symbolischen Verkörperung eines Menschenbildes, dem es an innerer Kohärenz fehlt. In diesem Zusammenhang spricht Edith Stein sogar in der Pluralform von "Menschenbildern", da von einer Einheitlichkeit nicht mehr die Rede sein könne. Diese sonst divergierenden anthropologischen Sichtweisen kommen aber in einem Punkt überein:

> Einheitlich ist nur bei allen, deren Blick auf die Tiefen der Seele gelenkt wurde, dass sie diese Tiefen, die dem naiven Menschen verborgen bleiben, als das Wesentliche und Wirksame ansehen, das Oberflächenleben aber – die klar bewussten Gedanken, Gefühle, Willensregungen etc. – als Auswirkungen dessen, was in der Tiefe geschieht, darum zugleich als Zeichen, die für den Seelenanalytiker und –denker die Tiefen erschließen.[18]

In der Auffassung der Tiefen jedoch scheiden sich aber bereits die Geister. Für Sigmund Freud und andere Gruppen sind diese Gewalten

[17] AMP 5
[18] AMP 5

der Tiefe, die als unüberwindliche Mächte das menschliche Leben bestimmen, die Triebe. Über die Art der Triebe herrscht jedoch keine Einhelligkeit. Der wesentliche Faktor ist aber die Anerkennung einer Einheit der Seele, in die sich die Triebe einordnen lassen, oder aber deren Negierung, die einen chaotischen Zerfall des Oberflächen- wie des Tiefenlebens bewirkt. Insgesamt aber ist die Psychoanalyse von destruktiven Tendenzen beherrscht:

> Im Vergleich zur idealistischen Auffassung wird an diesem neuen Menschenbild deutlich die **Entthronung** des **Intellekts** und des **frei herrschenden Willens**, das Entfallen der Einstellung auf ein objektives, der Erkenntnis zugängliches und für den Willen erreichbares Ziel.[19]

Die Folgen davon sind die Auflösung der persönlichen Ganzheit und darüber hinaus die Zerstörung der geistigen Grundlagen der ethnischen Zusammengehörigkeit sowie zielgerichteten Kultur. Daher stellt sich für Edith Stein die Frage, ob angesichts einer solchen Auffassung ein pädagogisches Bemühen überhaupt noch sinnvoll ist, nämlich angesichts eines reduzierten Menschen,

> bei dem die Triebe ‚normal' funktionieren, als Aufgabe die Heilung oder Verhütung seelischer Störungen, als Mittel die Analyse des Oberflächenlebens, die Aufdeckung der wirksamen Triebe, die Anbahnung der Befriedigung oder gesunden Abreaktion[20].

Die große Gefahr der Psychoanalyse sieht Edith Stein in der gesteigerten Bewertung der Triebe auch innerhalb eines pädagogischen Konzepts, das jede Form von gesunder Aszese als schädlich für die Entfaltung der Persönlichkeit wertet. Ebenso bedenklich ist für sie die zweite Auswirkung der Psychoanalyse, nämlich das *"Bemühen zu verstehen"*[21] unter Zurücksetzung der Führungs- und Bildungsaufgabe des Erziehers, da die Voraussetzung für jedes echte Verstehen und pädagogische Wirken, nämlich das Band von Seele zu Seele, dadurch zerschnitten werde:

> Darum ist die laienhaft geübte Psychoanalyse nicht nur eine pädagogische Gefahr, sondern eine Gefahr für das gesamte soziale Leben, eine ganz besondere auch in der Seelsorge.[22]

---

[19] Ebd. 6 (Herv. G.W.)
[20] Ebd.
[21] Ebd. (Herv. orig.)
[22] Ebd. 6f.

Eine Gegenüberstellung mit dem christlichen Menschenbild lässt diese gefahrvollen Tendenzen bereits in ihren Ansätzen deutlich werden.

3.2. Tiefenpsychologie vs. christliche Anthropologie

Mit den modernen Konzepten, die das Bewusstsein nicht auf seine Oberflächendimension einschränken, teilt die christliche Anthropologie ihre stets vertretene Auffassung, dass die menschliche Seele eine dem unmittelbaren Bewusstsein nicht zugängliche Tiefenschicht besitzt. Im Unterschied zu diesen Auffassungen ist sie jedoch von der ursprünglichen Güte des Menschen überzeugt, auch wenn die Erbsünde einen Fall aus dem einst heilen Urzustand bewirkte: "die Triebe in Empörung gegen den Geist, der Verstand verdunkelt, der Wille geschwächt". Der Mensch sei zwar den "dunklen Gewalten" nicht völlig ausgeliefert, denn "das Licht der Vernunft ist in ihm nicht gänzlich erloschen und die Freiheit ist ihm geblieben". Daher könne er zwar den Kampf mit der niederen Natur aufnehmen, allerdings aus eigenen Kräften nicht vollständig gewinnen:

> Einmal, weil er es weitgehend mit **unsichtbaren Feinden** zu tun hat (wenn er gelernt hat, der Oberfläche zu misstrauen, ist er noch lange nicht versichert, dass es ihm gelingen wird, die Tiefe wirklich zu entschleiern); sodann weil er den Verräter im eigenen Lager hat: den Willen, der so leicht zur Kapitulation zu bringen ist.[23]

So gebe es auf der einen Seite Menschen, die sich im Kampf aufreiben, auf der anderen solche, die im Kampf resignieren oder überhaupt nie gekämpft haben. Schließlich können besonders gute und edle Menschen auf rein natürlicher Ebene einen hohen Grad an Harmonie erreichen. Aber auch sie sind vor einem plötzlichen Ausbruch der Gewalten der Tiefe nicht gefeit, die ihnen jedenfalls im Verborgenen stark zusetzen können. Im Vergleich zur christlichen Anthropologie erweist sich die Tiefenpsychologie somit als weitere Möglichkeit einer auf die Immanenz eingegrenzten Anthropologie, sofern sie nämlich keinen Ausweg aus der Bedrohung durch die Kräfte der Tiefe aufzeigen kann. Im Menschenbild der Tiefenpsychologie sieht Edith Stein

> das **Bild des gefallenen Menschen**, ebenfalls statisch und ungeschichtlich gesehen: Seine Vergangenheit und seine Zukunftsmöglichkeiten, die **Tatsache der Erlösung** bleiben **unberücksichtigt.**[24]

---

[23] Ebd. 10f. (Herv. G.W.)
[24] Ebd. 13 (Herv. G.W.)

Den pelagianischen Irrtum und die damit verbundene Überschätzung der natürlichen Fähigkeiten des Menschen weist Edith Stein mit Hinweis auf die lehramtlichen Aussagen der Kirche allerdings ausdrücklich zurück:

> Wie der menschliche Verstand seiner natürlichen Kraft nicht zutrauen darf, dass er den Irrtum meiden und die Wahrheit finden könnte, so ist der natürliche Wille aus sich allein nicht imstande, die Sünden zu meiden und das Rechte zu tun.[25]

Die Lösung liegt nach Edith Stein in der Überzeugung von der ursprünglichen, wenn auch durch die Erbsünde geschwächten Güte der menschlichen Natur zusammen mit der durch die Tiefenpsychologie bedrohten Einheit der menschlichen Seele. Die letztere bleibt dem Menschen nämlich auch im gefallenen Zustand erhalten:

> *Vorhanden* ist die Einheit trotz dieses Aspektes [d.i. dass sie nicht mehr sichtbar wäre], da die Seele *eine* ist, jede einzelne von Gott geschaffen, zur Unsterblichkeit berufen und dafür verantwortlich, wenn sie sich selbst verliert, weil sie jederzeit in die Tiefe gehen kann, in der sie sich selbst findet.[26]

Denn nur von ihrem tiefsten und innersten Bereich aus hat die Seele die Herrschaft über sich selbst. In diesem tiefsten Punkt sieht Edith Stein jenen Ort eigentlicher Freiheit, von dem aus der Mensch sein Leben zusammenfassen und souverän darüber entscheiden kann:

> Der Mensch ist dazu berufen, in seinem Innersten zu leben und sich selbst so in die Hand zu nehmen, wie es nur von hier aus möglich ist; nur von hier aus ist auch die rechte Auseinandersetzung mit der Welt möglich; nur von hier aus kann er den Platz finden, der ihm zugedacht ist.[27]

Der Weg in diese eigentliche Tiefe und damit in jene Höhe, wo der Mensch den negativen Gewalten der Tiefe nicht mehr schutzlos ausgesetzt ist, geht ausschließlich über die Nachfolge Christi.

---

25 WIM 68

26 AMP 11 (Herv. orig.)

27 Edith Stein, Kreuzeswissenschaft. Studie über Johannes vom Kreuz (im folgenden abgekürzt: KW). ESGA 18. Freiburg ²2003, 133

3.3. Der Ausweg: die Nachfolge Christi

Das Menschenbild der Tiefenpsychologie, nämlich das auf seine Gebrechen im Gefolge der Erbsünde eingegrenzte Individuum, kann nach Edith Stein nur im Bereich der Christologie, d.h. auf der Ebene der Gnade – und nicht etwa durch ein konträres Schema – überwunden werden:

> Um seine Natur zu heilen und ihm die Erhebung über die Natur, die ihm von Ewigkeit her zugedacht war, zurückzugeben, ist Gott selbst Mensch geworden.[28]

Durch die Verbundenheit mit Christus kann der einzelne Mensch den "Kampf mit den niederen Gewalten" aufnehmen und dadurch seine persönliche Integrität wiedergewinnen. Aber auch das Menschengeschlecht als ganzes kann durch die Hinordnung auf Christus auf gnadenhafte Weise aus der Zersplitterung zur Einheit zurückfinden:

> Der Sohn des ewigen Vaters wurde das neue Haupt des Menschengeschlechts; jeder, der mit ihm verbunden ist in der Einheit des mystischen Leibes, hat Teil an seiner Gotteskindschaft, trägt einen Quell göttlichen Lebens in sich, der fortströmt ins ewige Leben und zugleich ein Heilquell für die Gebrechen der gefallenen Natur ist.[29]

Der natürliche Verstand ist durch das Gnadenlicht besser gegen Irrtümer geschützt und offen für die Übernatur, der Wille besitzt mehr Kraft zum Kampf gegen die niederen Gewalten, denen der Mensch zeit seines Lebens ausgesetzt bleibt.

Die Menschwerdung Christi ist eines der zentralen Themen der theologischen Anthropologie Edith Steins im Hinblick auf das Verständnis des Menschen überhaupt:

> Die Frage nach der Beschaffenheit der menschlichen Natur führte zu der Notwendigkeit, bestimmte einzelne Menschen ins Auge zu fassen, deren Stellung in der Menschheit eine solche ist, dass durch sie eine Änderung in der Beschaffenheit der menschlichen Natur herbeigeführt wurde und dass wir die gegenwärtige Verfassung der Menschheit nicht begreifen können, ohne ihre Beziehung zu diesen ausgezeichneten Menschen zu berücksichtigen. Das freie Verhalten des ersten Menschen bedingte den Übergang vom Urstand zum Sündenstand. Durch das Verhalten des Gottmenschen wurde der Übergang zum Stand der erlösten Natur herbeigeführt.[30]

---

28 AMP 11

29 Ebd.

30 WIN 72

Die Besonderheit der Menschennatur Christi liegt in ihrer Unversehrtheit, wie sie dem Stand vor der Erbsünde entsprach:

> Dagegen war nichts von *innerer* Mangelhaftigkeit in der Menschennatur des Erlösers: Er war frei von Irrtum, von ungeordnetem Begehren, von Fehlbarkeit des Willens.[31]

Bei der menschlichen Natur Christi steht in der Anthropologie Edith Steins der exemplarische Charakter im Vordergrund. In weiterer Folge kommen aber auch die für das Erlösungswerk relevanten Aspekte der Person Christi zur Sprache, die mit Seiner Gottheit zusammenhängen. Denn erst in der Kraft der göttlichen Natur können die erbsündlichen Schäden des Menschen in der bewussten Nachfolge Christi geheilt werden:

> Die erlösende Kraft dieses Lebens aber, die uns nicht nur bewundernd aufschauen lässt, sondern zur Nachfolge befähigt, ist der Gottheit zuzuschreiben, die mit dieser Menschheit verbunden war.[32]

Diese Einheit von Anthropologie und Christologie, und zwar auch für pädagogische Themenbereiche, gibt dem Gesamtwerk Edith Steins jene spezifische Prägung, die nur durch die Integrierung von Offenbarungsinhalten in die philosophische Grundlagenforschung erreicht werden kann. Das von Edith Stein vorgestellte Modell ist darüber hinaus für komplementäre Forschungen in beiden Richtungen offen.

---

[31] Ebd. 83 (Herv. orig.)

[32] Ebd.

Das Bild der Frau bei Edith Stein[1]

Das Leben von Edith Stein – Sr. Teresia Benedicta a Cruce – dürfte weitgehend bekannt sein: Tochter eines Rabbiners aus einer liberalen jüdischen Großbürgerfamilie, jugendliche Atheistin, Assistentin des Philosophen Edmund Husserl, Konvertitin zum katholischen Glauben, christliche Wissenschaftlerin, schließlich Unbeschuhte Karmelitin. Unter dem nationalsozialistischen Regime wurde sie im Konzentrationslager Auschwitz ermordet und von Papst Johannes Paul II. selig- und heiliggesprochen.

Das Frausein stellt sicher ein zentrales Thema im Gedankengut Edith Steins dar, stellt es doch ein Chiffre für den Werdegang von der Frauenrechtlerin ihrer Zeit zur christlichen Philosophin dar. Nach ihrer Konversion beschäftigt sich Edith Stein in einer Reihe von Vorträgen mit der Eigenart und dem Eigenwert der Frau. Sie möchte dabei vor allem klären, ob es eine „Spezies Frau", d.h. ein „Wesen der Frau" gibt.[2] Denn in einem solchen Fall „wird kein Wechsel der Lebensbedingungen: der wirtschaftlichen und kulturellen Verhältnisse wie der eigenen Betätigung daran etwas ändern können"[3]. Sie stößt dabei jedoch bald an die Grenzen von natur- und geisteswissenschaftlichen Methoden in der Psychologie, die ihrer Meinung nach bestenfalls einen Typus beschreiben, aber keine Aussagen über das Wesen treffen können. Die Philosophie, besonders die phänomenologische Methode ihres Lehrers Husserl, scheint ihr dazu angemessener, zumal deren Aufgabe darin besteht, „an konkreten Gegenständen ihre allgemeine Struktur zur Abhebung (zu) bringen"[4]. Doch auch die Philosophie kann die Frage nach dem Wesen der Frau, vor allem aber deren Individualität, nur unzureichend klären.

Schließlich reflektiert Edith Stein auf der Grundlage der biblischen Offenbarung die Eigenart der beiden Geschlechter und entwirft dabei ein zutiefst marianisch geprägtes Bild der Frau. Damit gibt sie Antwort auf drängende Fragen in bezug auf die im Wandel begriffene Stellung der Frau zu ihrer Zeit, die auch heute noch Aktualität besitzen.

---

[1] Erstveröffentlichung in: „Kirche und Frau", Verbandsorgan der Marianische Liga – Vereinigung katholischer Frauen e.V., 10. Jg. / Nr. 1 (April 2008)

[2] Die folgenden Zitate sind den Vorträgen Edith Steins aus dem Sammelband *Die Frau* (Edith Stein Gesamtausgabe, Band 13, Herder 2000) entnommen.

[3] Probleme der neueren Mädchenbildung, 152

[4] ebd. 156

Die Eigenart von Mann und Frau aus biblischer Sicht

Im biblischen Bericht über die Erschaffung des Menschen sieht Edith Stein bereits den ersten Hinweis auf die Differenzierung der Geschlechter: „Und Gott schuf den Menschen nach seinem Bilde, als Mann und Frau erschuf er sie" (Gen 1,27). Ursprünglich ist aber beiden gemeinsam eine dreifache Aufgabe gestellt:

> Gottes Ebenbild zu sein, Nachkommenschaft hervorzubringen und die Erde zu beherrschen[5].

Daß jeder dieser Berufung auf seine spezifische Art nachkommen muß, ist durch diese Perikope höchstens impliziert, aber noch nicht ausdrücklich gesagt. Auf keinen Fall aber ist in dieser Stellung der Geschlechter nach der ursprünglichen Ordnung, also vor dem Sündenfall, von einer Herrschaft des Mannes über die Frau die Rede.
Das Verhältnis von Mann und Frau verkehrte sich erst nach dem Sündenfall: Aus der „reinen Liebesgemeinschaft" wurde ein von der Begierde verzerrtes „Herrschafts- und Unterordnungsverhältnis"[6]. Dem Mann ist dabei der Kampf ums Dasein aufgetragen, der Frau das Gebären in Schmerzen. Doch durch die Erlösung soll die ursprüngliche Ordnung wiederhergestellt werden:

> *Die Vorrangstellung des Mannes enthüllt sich darin, daß der Erlöser in Menschengestalt auf die Erde kommt.* Das weibliche Geschlecht wird dadurch geadelt, daß *eine Frau die Pforte* war, *durch die Gott in das Menschengeschlecht Eingang fand.*[7]

Durch die Gestalt des „neuen Adam" und der „neuen Eva" dokumentiert sich daher in der Erlösungsordnung der schon im Paradies vorgezeichnete „Ewigkeitswert der Geschlechtertrennung"[8]. Die Stellung der Frau gegenüber dem Mann wie auch schon die Erschaffung an seiner Seite stellt dabei eine geschöpfliche Parallele zum Sein des dreifaltigen Gottes dar:

> Wie aus dem Vater der Sohn hervorgeht und aus Sohn und Vater der Geist, so ist das Weib vom Manne ausgegangen und von ihnen beiden die Nachkommenschaft.[9]

---

5 Beruf des Mannes und der Frau nach Natur- und Gnadenordnung, 58
6 ebd. 65
7 Ebd. 66 (Herv. orig.)
8 Probleme der neuen Mädchenbildung, 177
9 Beruf, 59

Wie also die drei göttlichen Personen gleichen Wesens sind, sich aber in ihrem jeweiligen Personsein unterscheiden (als ein Wesen in drei Personen), so besitzt analog dazu die Frau als das gleiche Wesen als Mensch wie der Mann - sie ist ihm also *gleichwertig* -, sie unterscheidet sich von ihm lediglich im Bereich ihres spezifischen Frau- bzw. Personseins. Das Wesen Gottes und konstituierendes Element des Personseins der drei göttlichen Personen aber ist die Liebe:

> Zwischen weniger als zweien aber kann die Liebe nicht sein.[10]

Das Person-Sein der Frau liegt dabei im Personsein des Heiligen Geistes und damit in der „dienenden Liebe"[11] begründet, es umfaßt die spezifische Berufung der Frau sowohl zur „Gehilfin des Mannes" als auch zur leiblichen und geistigen Mutterschaft.

Die Frau als „Gehilfin des Mannes" und ihr Eigenwert

Die Berufung der Frau an die Seite des Mannes hat eine tiefe symbolische Dimension. Gott schuf die Frau nach dem ursprünglichen Schriftwort („Eser kenegdo"; Gen 1,27 und 2,18) als „Hilfe wie ihm (dem Mann) gegenüber", als „ein Spiegelbild, in dem der Mann seine eigene Natur erblicken könnte"[12]. Die Frau ist daher „seine andere Hälfte, in der er sein eigenes Bild anschauen, sich selbst wiederfinden könnte, die mit ihm zusammen den Platz über allen andern Geschöpfen der Erde einnehmen sollte, unter denen keines sein ‚Pendant' sein konnte[13]. Der Mann bedarf also der Frau, um sein eigenes Wesen zu erkennen, und nur gemeinsam können beide ihrer Berufung im Heilsplan entsprechen:

> Erst die rein entfaltete männliche *und* weibliche Eigenart ergibt die höchste erreichbare Gottebenbildlichkeit und die stärkste Durchdringung des gesamten irdischen Lebens mit göttlichem Leben.[14]

In Anlehnung an die Paulusbriefe sieht auch Edith Stein im Mann das Haupt der Familie, dem die „Leitung der Lebensgemeinschaft"[15] obliegt. Doch wendet sie ein, daß manche Aussagen des Apostels – wie etwa die kontroverse Stelle in 1 Kor 11,3 über die Kopfbedeckung der

---

10 Anm.: Personen; ebd. 59
11 Probleme der neueren Mädchenbildung, 178
12 Beruf, 58
13 Probleme, 174
14 Das Ethos der Frauenberufe, 29
15 Beruf, 63

Frauen – nur zeitbedingten Wert haben und daß Paulus zudem das Herrschaftsverhältnis allzu sehr in den Vordergrund rückt, das zwar im mosaischen Gesetz und im römischen Recht verankert, dem Schöpfungsbericht und den Evangelien aber fremd ist. Sie sieht in der Stellung des Mannes als Haupt der Frau und der ganzen Familie – entsprechend der Stellung Christi als Haupt der Kirche – vor allem die Verpflichtung,

> dieses kleine Abbild des großen mystischen Leibes so zu leiten, daß jedes Glied darin seine Gaben voll entfalten und zum Heil des Ganzen wirken könne [und damit] die liebende Fürsorge Christi für die Kirche nachzubilden[16].

Da der Mann selbst jedoch nicht vollkommen ist wie Christus, besteht seine Weisheit darin, „seine Mängel durch die Gaben des ergänzenden Gliedes ausgleichen zu lassen"[17]. Edith Stein weist aber auch auf die Gefahren hin, die aus einer Empörung des Leibes gegen das Haupt resultieren: Dann wird nämlich „der Organismus so wenig gedeihen können, wie wenn das Haupt den Leib verkümmern läßt"[18]. Daher muß die Frau

> in freier und liebender Unterordnung im Mann das Abbild Christi ehren und selbst Abbild der Gottesmutter sein: das bedeutet aber zugleich: selbst Abbild Christi sein[19].

Die gottgewollte, spezifische Eigenart von Mann und Frau manifestiert sich in unterschiedlichen, zum Teil komplementären Eigenschaften. Während dem Mann vor allem Sachbezogenheit zu eigen ist, worin zugleich die Tendenz zu einer einseitigen Entwicklung liegt, lebt in der Frau „ein natürlicher Drang nach Ganzheit und Geschlossenheit"[20], die „Einstellung auf das Lebendig-Persönliche"[21]. Allerdings räumt Edith Stein ein, daß dieser Eigenwert der Frau durch negative Züge der weiblichen Eigenart beeinträchtigt sein kann, wozu sie nicht zuletzt die Geltungssucht zählt. Damit aus diesem „Rohmaterial der weiblichen Eigenart mit all ihren Mängeln und Schwächen" die „geläuterte, wertvolle weibliche Eigenart" herausgearbeitet werden kann, bedarf es einer

16 Beruf, 64
17 ebd.
18 ebd.
19 ebd. 66
20 Der Eigenwert der Frau in seiner Bedeutung für das Leben des Volkes, 4
21 ebd. 13

„gründlichen, sachlichen Arbeit"[22]. In diesem Zusammenhang bejaht Edith Stein die Frage, ob die Frau einen Beruf ausüben soll. Sie sieht in der sachbezogenen Berufsausbildung sogar ein wertvolles Mittel zur Entfaltung von Eigenart und Eigenwert der Frau. Dort könne die Frau ihre wertvollen Eigenschaften wie „natürliche Einfühlungsgabe in fremdes Wesen und fremde Bedürfnisse, Anpassungsfähigkeit und Anpassungswilligkeit"[23] als Ergänzung zur reinen Sachlichkeit des Mannes einbringen. Nur dürfe die Berufsarbeit gerade die Frau der Familie nicht entfremden. Damit wird ihr nämlich der Weg zu ihrer ureigensten Berufung verstellt: zur Mutterschaft, die ihr Frausein erst zur vollen Entfaltung bringt.

Das Urbild der Frau: Jungfrau und Mutter

Die Mutterschaft ist jene Aufgabe der Frau, die ihr Sein wesentlich bestimmt und das unterscheidende Merkmal gegenüber dem Sein des Mannes darstellt. Sie bedeutet nämlich auf jeden Fall eine engere Bindung an das Leben als die Vaterschaft:

> Die Aufgabe, ein werdendes und wachsendes Lebewesen in sich aufzunehmen, zu bergen und zu nähren, bedingt eine gewisse Beschließung in sich selbst, und der geheimnisvolle Prozeß der Bildung eines neuen Geschöpfes im mütterlichen Organismus ist eine so intime Einheit von Seelischem und Leiblichem, daß man wohl versteht, daß diese Einheit zum Gepräge der gesamten weiblichen Natur gehört.[24]

Zur Mutterschaft gehört daher die „Bewahrung und Entfaltung von Menschenleben und Menschentum"[25], weshalb die Frau eine „Bindung ihres Lebens in engere Grenzen"[26] vornehmen muß.

Die von der Frau damit geforderten Eigenschaften müssen sich an Maria als „Ziel aller Frauenbildung"[27] orientieren. Denn Maria steht „im Angelpunkt der Geschichte der Menschheit und noch besonders im Angelpunkt der Geschichte der Frau" als jene Frau, „in der die Mutterschaft ihre Verklärung und zugleich – als leibliche Mutterschaft – ihre Überwindung fand"[28]. Das marianische Vorbild geht also über die

[22] ebd. 5
[23] Die Bestimmung der Frau, 49
[24] Christliches Frauenleben, 86
[25] Frauenwirken, 99
[26] Die Bestimmung der Frau, 49f.
[27] Probleme, 176
[28] ebd.

Grenzen der physischen Mutterschaft hinaus und weist jeder Frau die Aufgabe der „geistigen Mutterschaft, d.h. die Gewinnung und Bildung von Seelen für das Gottesreich“[29] zu. Dieser Bestimmung kann jede Frau nur kraft der „virginitas (Jungfräulichkeit) der Seele“[30] entsprechen, die soviel wie Dienen in Liebe bedeutet. Diese Jungfräulichkeit bedeutet aber keineswegs die Aufhebung des „Unterschieds zweier Frauentypen und zweier Typen der Lebensgestaltung“[31]. Aber beide Wege sind in Maria vorgezeichnet. In ihr als „Mutter-Jungfrau (mater-virgo)“ ist das schon im Alten Testament verankerte „Urbild reinen Frauentums“[32] gegeben, das der Frau auch ihren Platz in der Kirche zuweist.

Die Stellung der Frau in der Kirche und die Unmöglichkeit des Frauenpriestertums[33]

Durch ihre Berufung in die Nachfolge Mariens ist jede Frau zugleich „Symbol der Kirche“, unabhängig von ihrem jeweiligen Stand. In der Ehe wird die Frau in „unlöslicher Lebens- und Liebesgemeinschaft“ in Verbindung mit ihrem Mann ein „sichtbares Sinnbild der Kirche“[34]. Noch deutlicher aber ist das Mysterium der Kirche „persönlich verkörpert in jener Frau, die als sponsa Christi ihr Leben dem Herrn geweiht hat und in eine unlösliche Verbindung mit ihm eingegangen ist“[35]. Ihr Leben ist „übernatürliche Mutterschaft für die ganze erlöste Menschheit“, wodurch sie „an seiner Seite (steht) wie die Kirche und wie deren Urbild und Keimzelle, die Gottesmutter“[36].
Das marianische Vorbild klärt auch die Frage nach dem Priestertum der Frau, das aus dieser Sicht für Edith Stein unmöglich erscheint, in erster Linie mit Berufung auf die „gesamte Tradition von den Urzeiten bis heute“[37]. Die tiefste Ursache liegt für sie aber in der Menschwerdung des Sohnes Gottes begründet:

---

29 Frauenbildung, 91
30 Probleme, 181
31 ebd.
32 Probleme der neueren Mädchenbildung, 186
33 Dieser Schluß des Zeitschriftenbeitrages wird durch den folgenden Beitrag vertieft.
34 Christliches Frauenleben, 108
35 Aufgabe der Frau, 212
36 ebd.
37 Beruf, 77

> daß Christus als Menschen*sohn* auf die Erde kam, daß darum das erste Geschöpf auf Erden, das in einem ausgezeichneten Sinn nach Gottes Bild geschaffen wurde, ein Mann war – das scheint mir darauf hinzuweisen, daß er zu seinen amtlichen Stellvertretern nur Männer einsetzen wollte.[38]

Für den Priester besteht daher die „Verpflichtung, immer wieder gewissermaßen den vertrauten Verkehr mit dem Herrn aufzugeben, um an seiner Stelle und für ihn zu lehren, zu richten, zu kämpfen"[39]. Da also der Priester nach außen gesendet ist, bedarf er der hierarchischen Amtsgewalt als Stütze von innen her. Die Stellung der Frau jedoch ist stets innen, an der Seite des Herrn, im Herzen der Kirche:

> Wie er aber *einer* Frau sich so nahe verbunden hat wie keinem anderen Wesen auf Erden, und sie so sehr zu seinem Bilde geschaffen wie keinen Menschen vorher und nachher, wie er ihr für alle Ewigkeit eine Stellung in der Kirche gegeben hat wie keinem andern Menschen, so hat er zu allen Zeiten Frauen zur innigsten Vereinigung mit sich berufen als Sendboten seiner Liebe, als Verkünderinnen seines Willens an Könige und Päpste, als Wegbereiterinnen seiner Herrschaft in den Herzen der Menschen[40].

Die ihm geweihte Frau will der Herr „niemals von seiner Seite lassen", worin Edith Stein sogar einen „besonderen Gnadenvorzug" gegenüber dem Priester sieht:

> „Alle Macht in seinem Reich" soll ihr „aus der liebenden Vereinigung mit ihm, nicht durch übertragene Amtsgewalt zukommen: ein Abbild jener innigsten Liebesgemeinschaft, die er je mit einem Menschen eingegangen, der Vereinigung mit der Gottesmutter"[41].

---

[38] Christliches Frauenleben, 110
[39] ebd.
[40] Beruf, 77
[41] Christliches Frauenleben, 110

Die dogmatische Unmöglichkeit des Frauenpriestertums[1]

1. Tradition und lehramtliche Entscheidungen

Das Priestertum für Frauen wurde von der Kirche zu allen Zeiten abgelehnt. Bereits die Synode von Laodicea gegen Endes des 4. Jahrhunderts (can. 11 und 45) spricht sich für den Ausschluss von Frauen vom Altardienst aus.[2] Auch die Synode von Nîmes (394) untersagt die Zulassung von Frauen zu den Weihen und gibt als Grund die Unvereinbarkeit mit der apostolischen Ordnung an (can. 2).[3] Die Synode von Aachen (789) bekräftigt dieses Verbot in can. 17 mit Hinweis auf die Bestimmungen von Laodicea.[4] Papst Gelasius I. bezeichnet in seinem Brief an die Bischöfe Lukaniens (494) den Altardienst von Frauen als Verstoß gegen die göttliche Ordnung,[5] ebenso die Synode von Paris (829), die sich auf dieses Schreiben beruft und darüber hinaus auch die kirchliche Disziplin geltend macht (can. 45).[6] Unter die erneut in Gang gekommene Debatte über die Möglichkeit des Priestertums für Frauen setzt Papst Johannes Paul II. einen Schlussstrich in seinem Apostolischen Schreiben *Ordinatio Sacerdotalis* vom 22. Mai 1994 durch die lehramtliche Erklärung,

> ... dass die Kirche keinerlei Vollmacht hat, Frauen die Priesterweihe zu spenden, und dass sich alle Gläubigen der Kirche endgültig an diese Entscheidung zu halten haben.[7]

---

1 Erstveröffentlichung in: „Dienst am Glauben", Heft 2, April-Juni 2012, 51-60; ergänzte und überarbeitete Fassung

2 Gemeint sind hier die Vorsteherinnen von klösterlichen Frauengemeinschaften. Vgl. Gerhard Ludwig Müller (Hg.), *Der Empfänger des Weihesakraments*. Quellen zur Lehre und Praxis der Kirche, nur Männern das Weihesakrament zu spenden. Würzburg 1999, 83

3 Vgl. ebd. 81

4 Vgl. ebd. 111

5 Vgl. ebd. 100f.

6 Vgl. ebd. 111

7 Johannes Paul II., Apostolisches Schreiben *Ordinatio Sacerdotalis* vom 22. Mai 1994, Nr. 4

Dabei knüpft er an das Schreiben an, in dem Papst Paul VI. den Anglikanern gegenüber den Standpunkt der katholischen Kirche dargelegt hatte:

> Sie [die katholische Kirche] hält daran fest, dass es aus **prinzipiellen Gründen** nicht zulässig ist, Frauen zur Priesterweihe zuzulassen. Zu diesen Gründen gehören: das in der Heiligen Schrift bezeugte **Vorbild Christi**, der nur Männer zu Aposteln wählte, **die konstante Praxis der Kirche**, die in der ausschließlichen Wahl von Männern Christus nachahmte, und ihr **lebendiges Lehramt**, das beharrlich daran festhält, dass der Ausschluss von Frauen vom Priesteramt in Übereinstimmung steht mit Gottes Plan für seine Kirche.[8]

Die im Auftrag von Papst Paul VI. von der Kongregation für Glaubenslehre herausgegebene Erklärung *Inter Insigniores* über die Frage der Zulassung von Frauen zum Amtspriestertum vom 15. Oktober 1976 führt schließlich „zu solchen **fundamentalen Gründen**... noch **theologische Gründe** hinzu, die die Angemessenheit jener göttlichen Verfügung für die Kirche erläutern“[9]. Zu diesen theologischen Gründen gehört die „grundlegende Verfassung“, vor allem aber die „theologische Anthropologie“, womit Christus die Kirche ausstattete.[10] Daher besteht eine „natürliche Ähnlichkeit“ („naturalis similitudo“) zwischen Christus und dem Priester, der nicht in eigener Person, sondern „in persona Christi“ handelt.[11] Diese Argumentation versteht sich jedoch nicht als „zwingender Beweis“, sondern als „Analogie des Glaubens“[12].
Gerade dieser letztere Grund ist eine Legitimierung für weitere theologische Grundlagenforschungen über die Unmöglichkeit des Frauenpriestertums. Eine Richtung, die ausdrücklich in *Inter Insignores* erwähnt ist, besteht im Verweis auf die natürliche, besonders aber die übernatürliche Geschlechtersymbolik. Im Anschluss daran lässt sich der Ausschluss der Frauen vom Amtspriestertum aber auch dogmatisch begründen, und zwar anhand des Trinitätsmysteriums.

---

8 Paul VI., *Antwortscheiben an Seine Gnaden, den Hochwürdigsten Herrn Dr. F. D. Coggan, Erzbischof von Canterbury, über das Priestertum der Frau*, 30. November 1975: AAS 68 (1976), 599-600. Zitiert in und nach: *Ordinatio Sacerdotalis*, Nr. 1. (Herv. G.W.)

9 *Ordinatio Sacerdotalis,* Nr. 2 (Herv. G.W.)

10 Paul VI., *Ansprache über die Rolle der Frau im Heilsplan*, 30. Januar 1977: Insegnamenti, Bd. VI, 1977, 111. Zitiert in und nach: *Ordinatio Sacerdotalis* Nr. 2

11 Kongregation für die Glaubenslehre, Erklärung *Inter Insigniores* über die Frage der Zulassung der Frauen zum Amtspriestertum, 15. Oktober 1976, Nr. 5; zitiert nach: Gerhard Ludwig Müller (Hg.), *Von „Inter Insignores“ bis „Ordinatio Sacerdotalis“*. Dokumente und Studien der Glaubenskongregation. Würzburg 2006, 29-60, hier: 39; lat.: AAS 69 (1977), 98-116, hier: 110

12 Ebd.

2. Die Unmöglichkeit des Frauenpriestertums anhand der Geschlechtersymbolik

Bereits vor dem Erscheinen von *Ordinatio Sacerdotalis* griff Manfred Hauke, heute Professor für dogmatische Theologie, in seiner Dissertation *Die Problematik um das Frauenpriestertum vor dem Hintergrund der Schöpfungs- und Erlösungsordnung* (1981) einige Aspekte der Erklärung *Inter Insignores* auf, besonders die Aufforderung, „die Natur und die Bedeutung des Bischofs- und Priesteramts tiefer zu erforschen und die authentische Stellung des Priesters in der Gemeinschaft der Getauften wiederzuentdecken“[13]. Neben dem „Wesen des Priesteramtes“ bezieht der Verfasser aber auch das „Gottesbild und die Bedeutung der Kirche“ in seine „ratio theologica“ mit ein, um die Problematik des Frauenpriestertums – in Abwehr feministischer Strömungen – auf der Grundlage sowohl der Schöpfungs- und darauf aufbauend der Erlösungsordnung zu veranschaulichen.

2.1. Die Stellung von Mann und Frau nach der Schöpfungsordnung[14]

Das Verhältnis von Mann und Frau nach der Schöpfungsordnung lässt sich vom religionswissenschaftlichen Standpunkt aus anhand des Verhältnisses der Transzendenz und Immanenz Gottes und der damit verbundenen Symbolik auf geschöpflicher Ebene bestimmen. Die Transzendenz Gottes bedeutet

> das Übersteigen der welthaften Wirklichkeiten. Gottes Wirken geht nicht darin auf, Grund der Schöpfung zu sein, sondern ist unendlich hierüber erhaben[15].

Die Immanenz, das In-der-Welt-Sein, umfasst hingegen nur „einen winzigen Bruchteil dessen, was Gott wirken kann. In seiner Transzen-

---

[13] Ebd. – Vgl. auch Manfred Hauke, *Die Problematik um das Frauenpriestertum vor dem Hintergrund der Schöpfungs- und Erlösungsordnung*. Paderborn 1982, 28.

[14] Die im folgenden im Haupttext angegebenen Seitenzahlen beziehen sich auf o.g. Werk von Manfred Hauke. Darin wird die Unmöglichkeit des Priestertums für Frauen in einem weiteren anthropologischen und theologischen Kontext behandelt. In der vorliegenden Abhandlung werden nur jene Aspekte herausgegriffen, die für den Übergang zu den dogmatischen Fragestellungen von Bedeutung sind.

[15] 138

denz ragt Gott in unendlicher Weise über das In-der-Welt-Sein hinaus". Daher ist „der Begriff der Immanenz in dem der Transzendenz gewissermaßen eingeschlossen, während das Umgekehrte nicht zutrifft"[16]. Jene Religionen, die sich an der Transzendenz Gottes orientieren, weisen ein ausgeprägt „männliches" Gottesbild auf. Die souveräne Schöpfungstat Gottes wird darin ebenso wie das Handeln Gottes in der Schöpfung vorwiegend mit männlicher Symbolik beschrieben.[17] Die Frau hingegen versinnbildet in besonderer Weise die „innergöttliche und welttragende Immanenz Gottes. [...] Der Akzent der weiblichen Symbolik liegt aber nicht auf der Repräsentation Gottes, sondern auf der Darstellung der Schöpfung"[18]. Rein weiblich geprägt im negativen Sinn sind daher alle Immanenzreligionen wie die heidnischen Fruchtbarkeitskulte, das fernöstliche Welt- und Gottesbild und die Gnosis, die auf der Vorstellung von einem ständig sich wiederholenden „Kreislauf" der Natur beruhen[19], aus dem es kein Entrinnen und folglich auch keine Erlösung gibt.
In diesen Immanenzreligionen kommt der Frau als Repräsentantin von „Mutter Erde" eine scheinbar übergeordnete, doch in Wirklichkeit minderwertige Stellung zu, die sich in Tempelprostitution und ähnlichen Phänomenen äußert. So betrachtet beispielsweise der tantrische Buddhismus die Frau, sofern Trägerin der Schöpfung, als jenes Element, das auf dem Weg der Erlösung durch sexualmagische Praktiken eliminiert werden muss.[20] Im Gegensatz dazu geht die Katholische Kirche als Trägerin der Erlösungsordnung dem biblischen Vorbild entsprechend von einer wesensmäßigen Gleichheit der Geschlechter aus, deren Komplementarität sich in unterschiedlichen Aufgaben auswirkt.

2.2. Die Stellung von Mann und Frau nach der Erlösungsordnung

Gegenüber den mythologisch eingefärbten Religionen und Weltanschauungen, die auf einer dialektischen Verbindung von Geist und Materie, von Transzendenz und Immanenz beruhen, besteht das Charakte-

---

16 139

17 Vgl. 179f.

18 183

19 Vgl. 180

20 Vgl. Bruno Waldvogel-Frei, *Das Lächeln des Dalai Lama... und was dahintersteckt.* Witten [2]2008, 16: „Das Mysterium des tantrischen Buddhismus besteht in der Aufopferung des weiblichen Prinzips und in der Manipulation des Eros zur Erlangung universeller androzentrischer (d.h. männlicher) Macht. [...] Gerade in feministischen Kreisen wird immer wieder betont, welche ungeahnten Möglichkeiten hier auch den Frauen offenstünden."

ristikum des Christentums in der klaren Trennung und zugleich freien Zuordnung von Gott und Schöpfung, mit der entsprechenden Auswirkung auf die Eigenart und das Verhältnis von Mann und Frau. Die auf dem Schöpfungsglauben beruhende Ordnung des Alten Bundes findet ihre Erhöhung und Vollendung in der Erlösungsordnung des Neuen Bundes, durch das Erlösungswerk Jesu Christi und dessen Fortführung durch die Einsetzung des Amtspriestertums. Auch das Verhältnis von Mann und Frau bekommt durch Jesus Christus seine endgültige Prägung durch die Wiederherstellung der durch die Sünde gestörten Ordnung, nämlich die Parität der Geschlechter im Rahmen der gottgewollten Unterschiedenheit nach dem Vorbild Christi und seiner Mutter. Typisch für die Erlösungsordnung ist nach Edith Stein vor allem der "**Ewigkeitswert der Geschlechtertrennung**", der dadurch offenbar wird, "dass an der Schwelle vom alten zum neuen Bunde neben dem neuen Adam die neue Eva steht"[21]:

> *Die Vorrangstellung des Mannes enthüllt sich darin, dass der Erlöser in Mannesgestalt auf die Erde kommt.* Das weibliche Geschlecht wird dadurch geadelt, dass der Heiland von einer menschlichen Mutter geboren wird, *dass eine Frau die Pforte war, durch die Gott in das Menschengeschlecht Eingang fand.*[22]

Diese unterschiedliche Stellung von Mann und Frau im Erlösungswerk ist – ungeachtet ihrer Gleichwertigkeit – der Grund, weshalb das Priestertum für Frauen metaphysisch unmöglich ist. Edith Stein verweist zwar auf die Möglichkeit, dass die Kirche den caritativ-sozialen Frauenberufen wieder den Charakter eines geweihten Amtes geben könnte, lässt aber die Frage offen, ob dies der erste Schritt zum Priestertum der Frau sein könnte. Sie meint zwar, dass "*dogmatisch* nichts im Wege zu stehen (scheint), was es der Kirche verbieten würde, eine solche bislang unerhörte Neuerung durchzuführen", räumt aber ein, dass in erster Linie "*dagegen* die gesamte Tradition von den Urzeiten bis heute" spricht. Denn der Herr selbst hatte zwar Frauen in seiner engsten Gefolgschaft,

[21] Edith Stein, *Probleme der neueren Mädchenbildung*. In: Die Frau. Fragestellungen und Reflexionen. Edith-Stein-Gesamtausgabe (ESGA) 13. Freiburg 2000, 127-208, hier: 177 (Herv. G.W.)

[22] Edith Stein, *Beruf des Mannes und der Frau nach Natur- und Gnadenordnung*. In: ESGA 13, 56-78, hier: 66 (Herv. orig.)

aber das Priestertum hat er ihnen nicht verliehen, auch nicht seiner Mutter, der Königin der Apostel, die an menschlicher Vollkommenheit und Gnadenfülle über die ganze Menschheit erhoben war.[23]

Letztendlich steht daher die Geschlechtertrennung nach der Gnadenordnung dem Frauenpriestertum entgegen:

> ... die geheimnisvolle Tatsache, die ich schon früher betonte: dass Christus als Menschen*sohn* auf die Erde kam, dass darum das erste Geschöpf auf Erden, das in einem ausgezeichneten Sinn nach Gottes Bild geschaffen wurde, ein Mann war – das scheint mir darauf hinzuweisen, dass er zu seinen amtlichen Stellvertretern auf Erden nur Männer einsetzen wollte.[24]

Die spezifische Aufgabe der Frau nach der Erlösungsordnung ist dagegen ausgesprochen marianisch geprägt und nicht minder bedeutsam als jene des Mannes:

> Wie er aber *einer* Frau sich so nahe verbunden hat wie keinem andern Wesen auf Erden, und sie so sehr zu seinem Bilde geschaffen wie keinen Menschen vorher und nachher, wie er ihr für alle Ewigkeit eine Stellung in der Kirche gegeben hat wie keinem andern Menschen, so hat er zu allen Zeiten Frauen zur innigsten Vereinigung mit sich berufen, als Sendboten seiner Liebe, als Verkünderinnen seines Willens an Könige und Päpste, als Wegbereiterinnen seiner Herrschaft in den Herzen der Menschen: einen höheren Beruf als den der sponsa Christi kann es nicht geben, und wer diesen Weg offen sieht, der wird nach keinem andern verlangen.[25]

Die Unmöglichkeit des Frauenpriestertums ist bei Edith Stein zwar nicht dogmatisch begründet, doch lässt sich in Fortführung ihrer Darlegungen schon jetzt folgern, dass gerade die Geschlechtertrennung Voraussetzung und zugleich Garant ist für jene Freiheit, die kennzeichnend ist für das im Alten Testament grundgelegte Verhältnis Gottes zu seiner Schöpfung und die den Rückfall in die mythologische Denkweise der Immanenzreligionen verhindert.

2.2.1. Das Vorbild des Alten Testaments

Während Frauen im Alten Bund als von Gott gesandte Prophetinnen auftraten, waren sie vom Amt des Priesters und Leviten gänzlich ausgeschlossen. Neben praktischen und soziologischen Gründen dürfte dabei

[23] Ebd. 76
[24] Ebd. 77 (Herv. orig.)
[25] Ebd. (Herv. orig.)

vor allem die Abgrenzung von den Fruchtbarkeitskulten der heidnischen Umwelt und der damit verbundenen Tempelprostitution eine wesentliche Rolle gespielt haben. Denn „ganz im Gegensatz zu dem die religiöse Umwelt beherrschenden Fruchtbarkeitskult übertrug Israel auf Gott keinerlei sexuelle Züge“[26]. Im Judentum wurde die Sexualität also nicht vergöttlicht, sondern auf eine Beziehung zwischen den Geschöpfen eingegrenzt[27]. Wenn daher das Volk Israel für Gott das Bild vom „Vater“ entlehnte und sich demzufolge „Sohn Gottes“ (vgl. Ex 4,22) nannte, so geschah dies nicht im naturhaften Sinne wie bei den Heidenvölkern, sondern durch „Adoption in einer *geschichtlichen Erwählung*“[28]. Im Vatersymbol spiegelt sich nämlich in besonderer Weise die „**hoheitliche, transzendente Prägung des alttestamentlichen Gottesbildes**“ wider[29] und damit die freie, souveräne Schöpfermacht Gottes. Höchster Ausdruck dieser Transzendenz ist die Heiligkeit als Wesenhaftigkeit Gottes, die alle dialektischen Verbindungen und damit auch geschlechtlichen Züge aus dem Gottesbild ausschließt. Aufgrund seiner Heiligkeit und Vollkommenheit vereinigt Gott alle geschöpflichen Werte in vollendeter Weise in sich[30]. Daher muss

- die Güte Gottes immer vor dem Wirkgrund seiner Allmacht gesehen werden,
- die Barmherzigkeit in Anlehnung an seine Gerechtigkeit und
- die Immanenz in ihrem Getragensein vom Pfeiler der Transzendenz.

Das biblische Gottesbild kennt daher keine selbständige, von der Transzendenz losgelöste Immanenz wie jene heidnischen Religionen, in denen die Erde im Sinne eines „mütterlichen Urgrundes“ selbständigen Symbolwert hatte. Gerade in den biblischen Bildern vom Hirten (Jes 40,11) und von der bergenden Hand (Weish 3,1) tritt die Transzendenz als „machtgeladene“ Immanenz auf männlich geprägte Weise in den Vordergrund[31]. Damit ist in gleichnishafter Weise die Abhängigkeit der göttlichen Immanenz von der Transzendenz und damit der Mütterlichkeit von der Väterlichkeit ausgesagt:

---

[26] 209

[27] Vgl. 208

[28] 210 (Herv. orig.)

[29] 214 (Herv. G.W.)

[30] vgl. 231

[31] vgl. 217

> Das Alte Testament stellt demgemäss Vater- und Muttersymbolik für Gott nicht nebeneinander, sondern schiebt sie gleichsam ineinander.[32]

Die Anwendung des Muttersymbols auf Gott (wie etwa in Jes 66,13) erfolgt im AT nie in eigenständiger Weise, sondern bezieht sich auf „Zion“ als „Typus der Mutter Gottes und der Kirche“[33], weshalb auch die Bilder für Israel als „Braut“ und Gott als „Bräutigam“ keine austauschbaren Größen sind[34]. Die priesterliche Repräsentanz als Typus Jesu Christi findet ihre Entsprechung jedoch nicht im Bild der „Tochter“ oder „Braut“, sondern ausschließlich in jenem des „Sohnes“ (Jes 9,5; 1 Chr 28,5), welcher sich „seit der Königszeit in besonders dichter Weise auf den König (bezieht), der als Einzelgestalt das Königtum Gottes dem Volk gegenüber“ darstellt[35]. Der Heilige Geist schließlich, als Verkörperung der „Immanenz Gottes“, ist im alttestamentlichen Bild der Weisheit (Spr 8, 30-31; Sir 24,10) präfiguriert, die „nicht nur als ein Aspekt Jahwes (erscheint), sondern Gott auch gegenüber(tritt) und von ihm unterschieden (wird)“[36], sich aber zugleich auf die Gestalt Mariens als „vollkommene Antwort der Schöpfung auf das Wirken des Herrn“ bezieht[37].
Diese gottgewollte Ordnung der Geschlechter, in der Symbolsprache des Alten Testaments vorgezeichnet, vollendet sich im Neuen Bund durch das Verhältnis Christi als Bräutigam zu seiner Braut, der Kirche, das in den innertrinitarischen Relationen als Urbild des geschöpflichen Abbildes grundgelegt ist.

2.2.2. Die Erfüllung im Neuen Testament

Dem im Alten Testament grundgelegten Begriffspaar Vater-Himmel entspricht im Neuen Testament die Verbindung der Allmacht und Transzendenz Gottes mit dem Vaterbild, wie sie im Credo des Gottesvolkes zum Ausdruck kommt: „Ich glaube an Gott, den Allmächtigen Vater.“ Das Gebet zu einer „Mutter Erde“ hingegen würde sich auf der Ebene der pantheistischen Immanenzreligionen und der Vielgötterei bewegen[38]. Bereits aus den Überlegungen zum Alten Testament wird

---

32 218
33 225
34 Vgl. 224
35 Ebd.
36 275
37 274
38 Vgl. 234

deutlich, warum das Volk Israel kein Priestertum für Frauen kannte. Denn dadurch wäre ein Rückfall in den heidnischen Polytheismus bzw. in die reine Immanenz ohne Verankerung in der Transzendenz erfolgt. Außerdem würde ein Frauenpriestertum das geschöpfliche Abbild der Heiligsten Dreifaltigkeit pervertieren, wie sich schließlich auf der Grundlage des Neuen Testamentes auf dogmatischer Ebene folgern lässt.

Das wichtigste Symbol des christlichen Gottesglaubens ist auch im Neuen Testament das biblische Bild des Vaters, des vorrangigen Adressaten der kirchlichen Liturgie[39]. Jesus Christus, wesensgleicher Sohn Gottes, ist Abbild und Stellvertreter des Vaters, und zwar nicht nur seiner Gottheit, sondern auch seiner Menschheit nach. Er ist als Sohn Gottes Träger der Transzendenz Gottes, aus der sich die männliche Prägung seines Heilswerkes im Lehr-, Königs- und Priesteramt ableitet und die durch die Inkarnation mit der bereits im Alten Testament vorgezeichneten Immanenz eine unlösbare Verbindung eingegangen ist:

> Diesem Verhältnis vom Transzendenz und Immanenz entspricht wiederum typisch männlicher Symbolik.[40]

Dieser Vorrang der männlichen Symbolik ist auch der Grund, warum das Priestertum als Handeln *in persona Christi* dem männlichen Geschlecht vorbehalten sein muss. Denn die Frau als selbständige amtliche Stellvertreterin Christi würde lediglich „eine gewissermaßen am Boden liegende Horizontale, also die bloße, nicht von der Transzendenz ermöglichte und überragte Immanenz“[41] verkörpern, weshalb sie diese dem Priester als Mittler zur Transzendenz vorbehaltene Stelle im Erlösungswerk nicht besetzen könnte:

> Der Priester, der allein die Vollmacht hat, die Eucharistiefeier zu vollziehen, handelt also nicht nur kraft der ihm von Christus übertragenen Amtsgewalt, sondern *in persona Christi*, indem er die Stelle Christi einnimmt und sogar sein **Abbild** wird, wenn er die **Wandlungsworte** spricht.[42]

---

39 Vgl. 242

40 259

41 259

42 *Inter Insigniores* aaO Nr. 5. (Herv. G.W.) Als Kommentar zu *in persona Christi* verweist die Erklärung auf folgende Dokumente des II. Vatikanums: die Konstitution *Sacrosanctum Concilium*, Nr. 33 („... der Priester, in der Rolle Christi an der Spitze der Gemeinde stehend...“), auf die Dogmatische Konstitution *Lumen* Gentium, Nr. 10 (Der Amtspriester nämlich bildet kraft seiner heiligen Gewalt, die er innehat, das priesterliche Volk heran und leitet es; er vollzieht in der Person Christi das eucharistische Opfer und bringt es im Namen des ganzen Volkes Gott

Diese Formel, nämlich *in persona Christi*,

> so wie sie von der Tradition verstanden wurde, besagt, dass der Priester Zeichen in dem Sinn ist, wie der Begriff in der Sakramententheologie verstanden wird; weil er Zeichen Christi, des Erlösers ist, muss er Mann sein und kann nicht Frau sein.[43]

Der Hohepriester Jesus Christus ist Gnadenmittler des Neuen Bundes, aber nicht im Sinne der Immanenzreligionen, die das Leben – in weiblicher Symbolik – immer schon aus der „Quelle des Seins" herausfließen sehen, sondern „in freier, souveräner", nach außen gerichteter und dadurch männlich geprägter Weise[44]. Die durch Christus vermittelte Gnade hingegen ist eine „Erhöhung der ‚Immanenz' Gottes in der Welt", die dem Heiligen Geist zugeeignet ist[45] und sich mit „weiblicher Symbolik in Verbindung bringen" lässt[46]. Die dem Heiligen Geist zugeordnete Innewohnung in der Schöpfung infolge der Menschwerdung und des Erlösungswerkes Christi ist jedoch von der Erdgebundenheit der reinen Immanenzreligionen grundlegend verschieden:

> Die göttliche Immanenz in der Welt der Gnade findet ihren letzten Grund im Geheimnis Gottes selbst. Der Heilige Geist wohnt deshalb den Herzen der Christen ein, weil er das Innerste, das „Herz" Gottes ist.[47]

Der Heilige Geist ist folglich auch Träger der Einswerdung Christi mit Seiner Kirche, der von Gott ausgehenden „Immanenz", durch welche die Schöpfung endgültig durch den Sohn zum Vater und damit – unter Wahrung ihrer Eigenständigkeit – zur Transzendenz zurückgeführt wird:

> Die Beziehung *Christus-Geist* entspricht der Beziehung *Mann-Frau*, aber auch dem Verhältnis *Christus-Kirche*.[48]

---

dar") und Nr. 28 („kraft des Weihesakramentes nach dem Bilde Christi, des höchsten und ewigen Priesters, ... üben sie ihr heiliges Amt am meisten in der eucharistischen Feier oder Versammlung aus, wobei sie in der Person Christi handeln)", auf das Dekret *Presbyterum Ordinis*, Nr. 2 („Dieses zeichnet die Priester durch die Salbung des Heiligen Geistes mit einem besonderen Prägemal und macht sie auf diese Weise dem Priester Christus gleichförmig, so dass sie in der Person des Hauptes Christi handeln können") und Nr. 13 („im Dienst am Heiligen, vor allem beim Messopfer, handeln die Priester in besonderer Weise an Christi Statt...").

[43] Ebd.

[44] Vgl. 257f.

[45] Vgl. ebd.

[46] 280

[47] Vgl. auch 1 Kor 2,10-11; ebd. 280

[48] 285

Da nämlich nach dem Gesetz der *analogia entis* alles geschaffene Sein auf das Urbild des göttlichen Seins hingeordnet ist, stellt der Priester als geweihter Amtsträger in besonderer Weise Christus dar, während die Frau über das Vergleichsmoment der Immanenz in bestimmter Hinsicht ein Abbild des Heiligen Geistes ist. Das Verhältnis Priester-Kirche bzw. Priester-Maria ist folglich nicht austauschbar, da es ein Abbild der Heiligsten Dreifaltigkeit ist. Über dieses Vergleichsmoment lässt sich der Rückschluss auf die dogmatische Ebene ziehen: dass nämlich das Frauenpriestertum gegen das Trinitätsgeheimnis gerichtet wäre und daher dogmatisch unmöglich ist.

3. Die Unmöglichkeit des Frauenpriestertums aufgrund des Trinitätsdogmas

Das Priestertum als Abbild Christi und seine Beziehung zum Geheimnis der Kirche als Braut des Geistes, die sich als gleichwertige Größen gegenüberstehen, gründet in der kirchlichen Trinitätslehre, wonach die drei göttlichen Personen gleichwertig sind, aber das göttliche Wesen auf verschiedene Weise tragen. Jede Verzerrung der Trinitätslehre, vor allem des Verhältnisses zwischen Sohn und Heiligem Geist, wirkt sich also auf das Verständnis der Frau im göttlichen Heilsplan aus. So gab es bereits in der Frühzeit der Kirche unter den Judenchristen häretische Gruppen wie etwa die Ebioniten, die den Heiligen Geist als Mutter Jesu betrachteten.[49] Die damit verbundene Gefahr einer Projizierung menschlicher Geschlechtlichkeit auf den innergöttlichen Bereich und

---

[49] Der Ebionismus ist nicht mit dem gesamten Judenchristentum identisch. Seine Anhänger forderten ein mosaisch-gesetzliches Christentum als allgemein verbindlich, bestanden auf der Verwerfung des Paulus und lehnten die Gottheit Christi ab. In dieser Strömung hat sich das Judenchristentum zum offenen Kampf gegen die gesamtapostolisch und katholisch werdende Heidenkirche zusammengeschlossen, die aber zu einem Anachronismus und einer deklarierten Häresie wurde, als die katholische Kirche zur römischen Reichskirche wurde. Vgl. dazu Adolf Hilgenfeld, *Judentum und Judenchristentum.* Hildesheim 1966 (Nachdruck der Ausgabe Leipzig 1886), 118ff. Die Trinitätslehre der Ebioniten ist dem Subordinatianismus eng verwandt: Im Hebräerevangelium, das aus dieser Richtung stammt, heißt es (Nr. 2): „Sogleich ergriff mich meine Mutter, der Heilige Geist, an einem meiner Haare und trug mich weg auf den großen Berg Tabor" (Übersetzung zitiert nach: Klaus Berger, *Das Neue Testament und frühchristliche Schriften.* Leipzig 2005, 980). Die Ebioniten vertraten also die Vorstellung einer „Familientrinität" nach dem Vorbild der irdischen Familie. Vgl. dazu auch Emanuele Testa, *The Faith of the Mother Church.* Jerusalem 1991, 31f. Die Jungfrau Maria und die Kirche erscheinen darin als viertes Element einer Tetrade, d.h. einer aus einer Vierheit bestehenden Ganzheit, des Kosmos. Vgl. ebd. 69

in der Folge einer Verzerrung des gesamten Gottesbildes ist nur allzu offenkundig. Angesichts dessen ist es nur allzu verständlich, dass gerade jene Sektierer und Randgruppen, die entweder zum Monarchianismus oder zum Subordinatianismus tendierten, das weibliche Element überbewerteten und kirchliche Ämter auch mit Frauen besetzten.[50] Daher lässt sich mit Recht folgern, dass die heute wieder gestellte Forderung nach dem Frauenpriestertum häretischer Natur ist. Denn dies würde einen Rückfall in die trinitarischen Irrtümer der Ebioniten bedeuten, wie sich anhand der diesbezüglichen kirchlichen Lehrbestimmungen schließen lässt.

Die Reihenfolge der innertrinitarischen Relationen ist in den zwei innergöttlichen Hervorgängen, der Zeugung des Sohnes und der Hauchung des Heiligen Geistes, begründet. Der erste Hervorgang, die Zeugung, vollzieht sich zwischen dem Vater und dem Sohn:

> Die zweite göttliche Person geht aus der ersten durch Zeugung hervor und verhält sich deshalb zu ihr wie der Sohn zum Vater.[51]

Dieses Vater-Sohn-Verhältnis ist entsprechend seiner Bedeutung für das Leben und die Lehre der Kirche bereits in den frühesten Glaubensformeln dokumentiert.[52] Die erste und zweite göttliche Person stehen zwar zueinander im Verhältnis einer wahren und eigentlichen Vater- und Sohnschaft; letztere wird jedoch im eigentlichen Sinn nur durch physische Zeugung begründet.[53] Für die Zeugung des eingeborenen Sohnes aus dem Vater gilt daher ein anderes Kriterium, und zwar im Rückgriff auf die klassische Lehre von Potenz und Akt.

Im Unterschied zum geschöpflichen Sein, das in die beständige Spannung von Potenz und Akt, vom Übergang der Möglichkeit in die Wirklichkeit hingestellt ist, gibt es in Gott keine unverwirklichte Potenz. Gott ist entsprechend seiner reinen Geistnatur auch reiner Akt, da Potentialität – wenn auch in verschiedenen Graden – nur den geschaffenen Dingen zukommt.[54] Mit Hilfe dieser Potenz-und-Akt-Lehre veran-

---

[50] Dazu gehören vor allem die markionitischen und montanistischen Gemeinden sowie einige gnostische Gruppen.

[51] Ludwig Ott, *Grundriss der Dogmatik.* Bonn [11]2005, 110

[52] Vgl. das Symbolum Quicumque (DH 75): „Der Sohn ist vom Vater allein, nicht gemacht und auch nicht erschaffen, sondern gezeugt“ (V. 22); das Nizänische Glaubensbekenntnis (DH 125f)

[53] vgl. Ott aaO, ebd.

[54] Vgl. Thomas von Aquin, *Über Gottes Vermögen (De potentia Dei),* q.1. a.1. Vgl. dazu auch den Kommentar von Edith Stein in: *Potenz und Akt.* Studien zu einer Philosophie des Seins. ESGA 10. Freiburg 2005, 7: „Reine Aktualität der göttliche Seinsmodus, die geschöpflichen Seinsmodi verschieden abgestufte Mischungen von Aktualität und Potentialität“.

schaulicht Scheeben den Unterschied zwischen menschlicher und göttlicher Zeugung sowie die spezifische Stellung der zweiten göttlichen Person innerhalb der Trinität:

> In der Menschheit erscheint der Sohn als die dritte Person, sein Ursprung als der zweite; in Gott ist der Sohn die zweite Person, sein Ursprung der erste. Aber warum? Wie bei allem Geschaffenen Zweiheit herrscht, eine Spaltung zwischen Akt und Potenz, so ist auch die menschliche Natur in zwei Prinzipien gespalten, ein vorherrschend aktives, der Mann, und ein vorherrschend passives, das Weib. Die Zeugung als der höchste Akt der Natur als solcher ist darum auch hier das Produkt der vereinigten Teile des Geschlechtes. In Gott hingegen, in dem es keine Spaltung zwischen Akt und Potenz gibt, der die reinste und vollkommenste Natur ist, muss die Zeugung als der natürlichste und prinzipale Akt der Natur unmittelbar und ausschließlich von der ersten Person ausgehen. [...] **Gerade deshalb also, weil die Zeugung in Gott wahre Zeugung ist, muss sie von einer Person, nicht von zweien, ausgehen**.[55]

Diese reine Aktualität Gottes ist nach Edith Stein ein

> *Ausgehen von sich selbst:* Gottes Sein ist ein dauerndes Sichverströmen. [...] Gott bleibt bei sich, indem Er von sich ausgeht, Er bewahrt sich, indem Er sich verströmt.[56]

Diese weiterführenden Reflexionen Edith Steins zur Potenz-und-Akt-Lehre des Thomas ermöglichen einen innovativen Zugang zum Trinitätsgeheimnis.[57] Da Gott reiner Geist ist, „schaut Er sich selbst nicht in einem anderen als er selbst ist – wie es ein gemaltes Bild oder der Spiegel ist – sondern in sich selbst“. In diesem Sinne ist Christus das „vollkommene Bild des Vaters“ zu nennen. Aufgrund eben der reinen Geistigkeit Gottes, der sich selbst ganz besitzt,

> ist die Erzeugung eines vollkommenen „Ebenbildes“ Gottes nicht die Hervorbringung eines neuen Seins außer dem göttlichen und eines zweiten göttlichen Wesens, sondern die innere, geistige Umfassung des *einen* Seins.[58]

---

55 Matthias Joseph Scheeben, *Mysterien des Christentums*. Mainz 1925, 168f. (Herv. G.W.)

56 Edith Stein, *Der Aufbau der menschlichen Person.* Vorlesung zur philosophischen Anthropologie. ESGA 14. Freiburg 2004, 101 (Herv. orig.)

57 Edith Stein argumentiert zwar nicht auf rein theologischer Ebene, sondern als Phänomenologin, die Materialanleihen bei der Offenbarung vornimmt, was allerdings das denkerische Ergebnis keinesfalls schmälert.

58 Edith Stein, *Endliches und ewiges Sein.* Versuch eines Aufstiegs zum Sinn des Seins. ESGA 11/12. Freiburg 2006, 298

Zum göttlichen Sein gehört es also wesenhaft, dass es „zugleich gegeben und empfangen wird“, als „ewiges Sichempfangen und Sichwiederschenken“:

> Und weil das in diesem Geben und Empfangen ewig entspringende Einssein das Gegebene und Empfangene noch einmal *gemeinsam* aus sich hervorbringt – weil das höchste Einssein als solches fruchtbar sein muss –, darum schließt sich der Ring des innergöttlichen Lebens in der dritten Person, die Gabe, Liebe und Leben ist.[59]

Dieser philosophisch reflektierten Sicht des Trinitätsgeheimnisses entspricht auf theologischer Ebene die kirchliche Lehre, wonach der Heilige Geist aus dem Vater und dem Sohn als einem einzigen Prinzip durch eine einzige Hauchung hervorgeht.[60] Diese innertrinitarischen Hervorgänge unter dem Gesichtspunkt ihrer Reihenfolge verdeutlicht Scheeben im Vergleich zur Zeugung im geschöpflichen Bereich, wodurch ihre Bedeutung klar zutage tritt:

> Während nun aber beim Menschen das Mittelglied zwischen Vater und Sohn die Fleischlichkeit der Natur und der Fortpflanzung repräsentiert, muss in Gott die Mittelperson zwischen Vater und Sohn die Geistigkeit seiner Natur und der in derselben stattfindenden Fortpflanzung repräsentieren: es muss die *Blüte, die Spitze der göttlichen Geistigkeit* sein.[61]

Der Heilige Geist ist also gewissermaßen der „Garant“ der reinen Geistigkeit Gottes, der im geschaffenen Bereich die Jungfräulichkeit entspricht, wie Scheeben folgert:

> Nur dann, wenn das Weib, ohne Gattin und Mutter zu sein, als Jungfrau, den Brennpunkt der Liebe in der Familie zwischen Vater und Sohn bilden könnte, würde es nicht bloß halb, sondern ganz, nicht bloß in seinem Ursprung, sondern auch in seinem Wesen den Hl. Geist repräsentieren.[62]

---

59 Ebd. 300 (Herv. orig.)

60 Vgl. Ott aaO, 111. Zu diesen lehramtlichen Aussagen gehören vor allem: die Konstitution über die höchste Dreifaltigkeit des 2. Konzils von Lyon (1274): „... dass der Heilige Geist von Ewigkeit her aus dem Vater und dem Sohne, nicht als aus zwei Prinzipien, sondern als aus einem Prinzip, nicht durch zwei Hauchungen, sondern durch eine einzige Hauchung hervorgeht“ (DH 850); das Symbolum der Synode von Toledo im Jahre 447 (DH 188); das Symbolum Quicumque (DH 75); das Symbolum der 11. Synode von Toledo im Jahre 675 (DH 527), das Caput Firmiter des 4. Laterankonzils (DH 800) und das Decretum pro Graecis sowie das Decretum pro Jacobitis des Unionskonzils von Florenz (DH 1300 ff, 1330f).

61 vgl. Scheeben, *Mysterien des Christentums aaO*, 174 (Herv. orig.)

62 Ebd.

Diese im natürlichen Bereich unmögliche Aufgabe, nämlich Jungfrau und Mutter zugleich zu sein, ist im übernatürlichen Bereich in Maria und im Geheimnis der Kirche verwirklicht:

> Und nach ihrem [Marias] Vorbild ist es die Kirche, die vom Hl. Geist beseelt, in ihm und durch ihn die geistliche, jungfräuliche Mutter aller derjenigen ist, welche sie in der Kraft des Hl. Geistes Gott dem Vater als Kinder schenkt [...].[63]

Im Gegensatz dazu würde ein amtliches Priestertum für die Frauen auf der Erlösungsebene das weibliche Element und damit die Immanenz, und zwar als erdgebundene, nicht von der Transzendenz Gottes getragene, nach dem Vorbild der irdischen Familie an die zweite Stelle rücken. Auf der Ebene der innertrinitarischen Relationen bzw. des göttlichen Urbilds bedeutet dies, dass der Sohn nicht mehr der allein aus dem Vater, sondern aus dem Vater und dem Geist als „Mutter“ gezeugte wäre. Dadurch würde sich zugleich der dogmatische Irrtum jener judenchristlichen Gruppen und sonstigen Häretiker wiederholen, die den Heiligen Geist an die zweite Stelle der Trinität rückten. So gesehen lässt sich folgern, dass das Frauenpriestertum, sofern geschöpfliche Pervertierung der innertrinitarischen Relationen, dogmatisch unmöglich ist.

[63] Ebd. 175

Der Zölibat:

rechtliche, theologische und philosophische Aspekte[1]

1. Grundsätzliche Überlegungen zur "Zölibatskrise"

Der von den Klerikern geforderte Zölibat ist im Anschluss an das II. Vatikanische Konzil Gegenstand heftiger Kontroversen geworden. Die neueste Ausgabe des *Lexikons für Theologie und Kirche* nennt als einen der Hauptgründe dafür ein "gewandeltes Verständnis von Sexualität, welches sich im 20. Jahrhundert durchgesetzt hat"[2]. Die wesentlichen Ursachen liegen aber viel tiefer, vor allem in der modernen Glaubenskrise. Das Priestertum nach dem Vorbild Christi ist nämlich in erster Linie ein Geheimnis des Glaubens: In Zeiten eines lebendigen Glaubens "steht der Priester-Christus als lebendiges Zentrum des persönlichen und gemeinschaftsbetonten Glaubenslebens im Bewusstsein aller", während er sich in Zeiten des Glaubensschwundes verflüchtigt und "mehr und mehr aus dem Bewusstsein der Menschen und der Welt (verschwindet)"[3]. Sowohl das Priestertum als auch der Zölibat ist nämlich zutiefst mit dem Geheimnis der Kirche, mit ihrer übernatürlichen Sendung verbunden. Daher sind alle Überlegungen zum Zölibat, die auf einer rein pragmatisch-funktionellen Sicht beruhen, von vornherein verfehlt. Das Weihepriestertum und der damit verbundene Fragenkomplex gehört ausschließlich zum Materialobjekt der Theologie bzw. in die Kompetenz des Kirchlichen Lehramtes.
Eine weitere Schwierigkeit in Zusammenhang mit dem Zölibat, die nach dem Konzil erneut an Aktualität gewann, ist die Tatsache, dass selbst noch bei den mittelalterlichen Theologen

---

1 Gleichzeitige Veröffentlichung in Reinhard Dörner (Hg.), „'Fürchte dich nicht, du kleine Herde' (Lk 12,32) – Katholische Kirche in Deutschland zwischen Traditions- und Entscheidungskirche". Berichtband der Osterakademie 2012, ISBN 978-3-9812187-7-0 und Quartalszeitschrift „Dienst am Glauben", Heft 3, Juli-September 2012

2 Vgl. Bernhard Fraling: *Zölibat.* In: Lexikon für Theologie und Kirche [3]X (Sonderausgabe 2006), Sp.1483ff, hier: 1484

3 Alfons Maria Kardinal Stickler: *Der Klerikerzölibat.* Seine Entwicklungsgeschichte und seine theologischen Grundlagen. Abensberg [2]1994, 59

> die Klerikerenthaltsamkeit von seiten der Theologie selbst, d.h. mit der ihr eigenen Methode der Begründung aus der Offenbarung und ihren Quellen, keine befriedigende Behandlung erfahren hat.[4]

Dieser Mangel ist inzwischen weitgehend behoben, und gerade die letzten Päpste waren um eine theologische Vertiefung des Weihesakraments und des Zölibats bemüht, wovon neben den Konzilsdokumenten auch einige postkonziliare Lehrschreiben und Dokumente Zeugnis ablegen.
Was aber bisher weitgehend fehlt, ist eine Rechtfertigung des Zölibats aus philosophischer Sicht im Rückgriff auf die Scholastik. Ausgehend von den rechtlichen und theologischen Aspekten wird daher im folgenden versucht, die Enthaltsamkeit der Kleriker auch aus dieser Perspektive zu begründen.

2. Die rechtliche Entwicklung[5]

Einer der wesentlichen Irrtümer in Bezug auf die rechtlichen Aspekte des Zölibats besteht in der grundsätzlichen Identifikation von Recht und Gesetz: "Recht" bezeichnet jede bindende Rechtsnorm, unabhängig davon, ob sie nur mündlich oder gewohnheitsrechtlich überliefert oder schon schriftlich festgehalten ist; "Gesetz" hingegen ist die geschriebene und legitim veröffentlichte Anordnung. Die Verpflichtung zum Zölibat beginnt daher nicht erst mit dem geschriebenen Gesetz, sondern mit den seit apostolischen Zeiten überlieferten bindenden Verordnungen gemäß 2 Thess 2,15: "So steht denn fest, Brüder, und haltet euch an die Überlieferungen, die ihr mündlich oder schriftlich von uns empfangen habt."[6] Die Verpflichtung des Klerikerzölibats, nämlich nicht zu heiraten oder eine bereits vor der Weihe geschlossene Ehe nicht mehr zu vollziehen, lässt sich nämlich direkt aus der Hl. Schrift folgern, aus den Worten Jesu: "Wahrlich ich sage euch: Niemand verlässt um des Reiches Gottes willen Haus, Eltern, Brüder, *Frau oder Kinder,* ohne dass er dafür in dieser Welt viel mehr empfängt und in der zukünftigen Welt das ewige Leben" (Lk 18, 29f.). Der hl. Petrus, dem diese Antwort des Meisters in erster Linie galt, war nämlich verheiratet, und aus den Briefen des Apostels Paulus wissen wir, dass die

[4] Ebd. 15
[5] Die in Abschnitt 2 zitierten Dokumente finden sich auch in: Stickler aaO, 9-41
[6] Ausführlich dargelegt ist diese Unterscheidung von Recht und Gesetz im Zusammenhang mit dem Zölibat in: Stickler aaO, 13ff.

Weihe Verheirateter damals durchaus üblich war (1 Tim 3,2 und 3,12; Tit 1,6). Erst später gab man unverheirateten Kandidaten den Vorzug, bis aus ihren Reihen ausschließlich die höheren Weiheträger hervorgingen. Aber in jedem Fall waren die verheirateten Kleriker, deren Eheschließung vor der Weihe erfolgen musste und die zudem nur einmal verheiratet sein durften, ebenso wie die unverheirateten zu völliger Enthaltsamkeit verpflichtet.
Da während der Christenverfolgung der ersten Jahrhunderte manche apostolische Überlieferung in Vergessenheit zu geraten drohte, was Missbräuche und Verfallserscheinungen zur Folge hatte, erließ die **Synode von Elvira** in Spanien (300-303) eine Reihe von Verordnungen zur Wiederherstellung der kirchlichen Disziplin. In can. 33 ist das erste bekannte Zölibatsgesetz überliefert und trägt die Überschrift "Über die Bischöfe und (Altar)Diener, dass sie sich nämlich der Ehefrauen enthalten":

> Es wurde beschlossen, den Bischöfen und Diakonen sowie allen Klerikern, die den Dienst versehen, folgendes Verbot aufzuerlegen: Sie sollen sich von ihren Ehefrauen enthalten und keine Kinder zeugen: jeder aber, der [es] tut, soll aus der Ehrenstellung des Klerikers verjagt werden.[7]

In can. 27 wurde das Verbot bekräftigt, dass Bischöfe und andere Kleriker mit fremden Frauen zusammenwohnen. Nur ihre Schwester oder Tochter, sofern diese eine Gott geweihte Jungfrau war, durften sie bei sich haben. Die Verbindlichkeit des Klerikerzölibats wurde vom **Konzil von Karthago** (390) unter Berufung auf den Altardienst gemäß der apostolischen Lehre und Tradition bestätigt (can. 2)[8] und von den folgenden afrikanischen Konzilien wiederholt.
Eine weitere Gruppe von Dokumenten für die Gültigkeit des Zölibats von frühchristlicher Zeit an sind die Bestimmungen der Päpste. **Papst Siricius** begründet diesen in seinem Schreiben *Directa ad decessorem* an Bischof Himerius von Tarragona auch mit biblischen Motiven: Bereits im Alten Bund mussten die Priester im Jahre ihres Amtes im Tempel wohnen, um die für die Reinheit des Altardienstes gebotene Enthaltsamkeit zu beobachten. Umso mehr gelte dies für das Neue Testament, in dem die Kleriker täglich zum heiligen Dienst gerufen sind.[9]
Die Klerikerenthaltsamkeit war auch Gegenstand mehrerer Dokumente von **Papst Innozenz I.** (401-407). In seinem Schreiben an Bischof Ex-

---

[7] DH 119

[8] Vgl. Stickler aaO, 18-22. Bei diesem Afrikanischen Konzil war auch ein Päpstlicher Legat zugegen, der die volle Übereinstimmung Roms mit diesen Verfügungen, die für die gesamte Afrikanische Kirche Geltung hatten, zum Ausdruck brachte.

[9] Vgl. DH 185

superius von Toulouse (405) schließt er an die Begründungen von Papst Siricius an, verweist aber auch auf die spirituelle Dimension der Enthaltsamkeit für das christliche Leben insgesamt:

> Denn wenn Paulus im Briefe an die Korinther sagt: "**Enthaltet** euch **eine Zeit lang**, damit ihr dem Gebete oblieget (1 Kor 7,5)", und dies sogar den **Laien** befahl, so werden **um so mehr die Priester**, deren Amt in unablässigem Gebet und Opfer besteht, sich von solchem Umfang fernhalten müssen. Wer aber mit fleischlicher Begierde befleckt ist, mit welcher Scheu wird er es wagen zu opfern, oder mit welchem Gewissen, mit welchem Rechte glaubt er erhört zu werden, da es doch heißt: "Den Reinen ist alles rein, den Befleckten aber und Ungläubigen ist nichts rein (Tit 1,15)"?[10]

Wesentlich ist, dass beide Päpste Sanktionen gegen die Zuwiderhandelnden, verbunden mit der Entfernung aus dem klerikalen Dienst, verhängen.[11]

Auch die folgenden Päpste drängten auf Einhaltung des Zölibats. **Papst Leo der Große** schreibt 456 an den Bischof Rusticus von Narbonne, dass das Gesetz der Enthaltsamkeit für alle Kleriker, also Diakone, Priester und Bischöfe, gleichermaßen Geltung hat. Die bereits verheirateten Kleriker müssen daher die "fleischliche" in eine "geistige" Ehe umwandeln, also die eheliche Liebe bewahren, indem sie ihre Frauen zwar nicht entlassen, aber auf den weiteren Vollzug der Ehe verzichten. Außerdem dehnte der Papst die Pflicht zur ehelichen Enthaltsamkeit auf die Subdiakone aus, ebenso **Papst Gregor der Große,** der auch das Verbot des Zusammenlebens von Klerikern mit dazu nicht bevollmächtigten Frauen ausdrücklich bestätigte.[12]

Eine einschneidende rechtliche Änderung der Zölibatspraxis erfolgte durch die Bestimmung des **II. Laterankonzils** (1139), dass "höhere Kleriker, die geheiratet haben oder eine Konkubine halten, [...] Amt und Benefizium verlieren"[13] und dass Messen von Priestern, die eine Ehefrau oder Konkubine haben, "nicht mehr gehört werden" dürfen[14]. Die von höheren Klerikern geschlossenen Ehen waren von diesem Zeitpunkt an nicht nur unerlaubt, sondern auch ungültig, was zu dem vielfach verbreiteten Missverständnis geführt hat, dass der Zölibat der hö-

---

[10] *Summa Pontificia.* Lehren und Weisungen der Päpste durch zwei Jahrtausende. Hg. von P. Amand Reiter O.M.I. Abensberg 1978, 3. (Herv. G.W.)

[11] Vgl. ebd. – Papst Innozenz besiegelt in diesem Schreiben die darin ausdrücklich genannte Verfügung seines Vorgängers.

[12] Vgl. Stickler aaO, 26

[13] Can. 6

[14] Can. 7

heren Kleriker erst vom II. Laterankonzil eingeführt worden sei.[15] Diese Konzilsbestimmungen waren eine Folge der etwa ab 1075 einsetzenden **Gregorianischen Reform**, die u.a. die Abschaffung von Missbräuchen im kirchlichen Benefizialwesen und eine Erneuerung des klerikalen Lebensstils im Sinne der kirchlichen Tradition anstrebte. Zur gleichen Zeit (1142) entstand das vom Camaldulensermönch Gratian verfasste **Decretum Gratiani**, eine Sammlung des Rechtsmaterials des ersten Jahrtausends der Kirche, das die Zölibatsverpflichtung der Kleriker ebenfalls ausführlich behandelte.

Ein weiterer Meilenstein in der Geschichte des Zölibats war das **Konzil von Trient** (1545-1563), das sich im Zuge der Gegenreformation zunächst vor die Notwendigkeit gestellt sah, das sichtbare, von Christus als Sakrament eingesetzte Weihepriestertum[16] gegenüber der reformatorischen Irrlehre vom allgemeinen Laienpriestertum zu verteidigen. Im Anschluss daran bekräftigen die Konzilsväter auch die Zölibatsverpflichtung im Sinne des II. Laterankonzils[17]. Die Kirche widersetzte sich auch in den folgenden Jahrhunderten allen Versuchen, die Zölibatsverpflichtung aufzuweichen oder gar abzuschaffen. Erst im Anschluss an das II. Vatikanum entstand eine heftige Debatte, die eine theologische Begründung bzw. Vertiefung des Zölibats notwendig macht.

3. Die theologischen Aspekte des Zölibats

Während des Vatikanums II und danach ergab sich zunehmend die Notwendigkeit, den Zölibat aus der Wesensbestimmung des Priestertums selbst, nämlich aus dem Verhältnis des Priesters zu Christus herzuleiten und theologisch zu rechtfertigen. Wichtige Ansatzpunkte dafür sind bereits im Konzilsdekret *Presbyterorum Ordinis* über Dienst und Leben der Priester enthalten, das jedoch in manchen Punkten nicht ganz unproblematisch ist. So wird die vollkommene Enthaltsamkeit um des Himmelreiches willen, besonders im Hinblick auf das priesterliche Leben, als "Zeichen und zugleich ein Antrieb der Hirtenliebe und ein besonderer Quell geistlicher Fruchtbarkeit für die Welt" gewertet. Der Klerikerzölibat selbst sei zwar nicht "vom Wesen des Priestertums selbst gefordert", jedoch "in vielfacher Hinsicht dem Priestertum ange-

---

[15] Vgl. ebd. 34

[16] DH 1771-1773

[17] DH 1809

messen". Entscheidend ist seine Begründung "im Geheimnis Christi und seiner Kirche":

> Durch die Jungfräulichkeit und die Ehelosigkeit um des Himmelreiches willen werden die Priester in neuer und vorzüglicher Weise **Christus geweiht**; sie hangen ihm leichter ungeteilten Herzens an, schenken sich freier in ihm und durch ihn dem Dienst für Gott und die Menschen [...]. Auf diese Weise bezeugen sie also vor den Menschen, dass sie sich in **ungeteilter Hingabe** der ihnen anvertrauten Aufgabe widmen wollen, nämlich die Gläubigen *einem* Mann zu vermählen und sie als keusche Jungfrau Christus zuzuführen: so weisen sie auf jenen **geheimnisvollen Ehebund** hin, der von Gott begründet ist und im anderen Leben ins volle Licht treten wird, in welchem die Kirche **Christus zum einzigen Bräutigam** hat.[18]

Diese Begründung des Zölibats ist trotz ihrer christozentrischen Ausrichtung nicht hinreichend, zumal darin ekklesiologische und rein spirituelle Motive vermengt sind. Die von den Ordensleuten gelobte Ehelosigkeit um des Himmelreiches willen unterscheidet sich nämlich in Grundlegung und Zielsetzung wesentlich vom Klerikerzölibat, was an dieser Stelle und auch im *Codex des Kanonischen Rechtes* nicht klar zum Ausdruck kommt. Eine Einengung des Zölibats auf eine "Zeugnisfunktion" gemäß *Presbyterorum Ordinis* oder "Gabe Gottes"[19] bewirkt nämlich fast zwangsläufig eine Reduzierung auf den "Glaubensvollzug" des einzelnen,[20] wodurch der normative Charakter der von den Klerikern geforderten Enthaltsamkeit zugunsten einer subjektiv-persönlichen Motivation an Bedeutung verliert. Wenn dann auch die kirchenrechtlichen Bestimmungen zum Zölibat nur mit einer "Glaubens-Entscheidung" von Päpsten und Bischöfen gerechtfertigt werden, dann darf das *Lexikon für Theologie und Kirche* freilich die Behauptung aufstellen, "dass andere geschichtliche Bedingungen u.U. andere Entscheidungen nahe legen können"[21]. In einem weiteren Schritt wäre dann sogar das allgemeine Priestertum im Sinne des Protestantismus legitimiert.

Um solchen Fehlwicklungen vorzubeugen, muss der essentielle Zusammenhang des Weihesakraments mit jener Mittlertätigkeit des Priesters, die ihn zum Handeln *in persona Christi* ermächtigt, explizit zum Gegenstand theologischer Reflexion werden. Wichtige Ansatzpunkte da-

---

[18] Presbyterorum Ordinis 16 (Herv. G.W.)
[19] Can. 277 § 1 CIC
[20] Vgl. LThK aaO, Sp. 1484
[21] Ebd.

für sind in der dogmatischen Konstitution über die Kirche *Lumen Gentium* enthalten:

> Auf der Stufe ihres Dienstamtes haben sie Anteil am Amt des einzigen Mittlers Christus (1 Tim 2,5) und verkünden allen das Wort Gottes. Am meisten üben sie ihr **heiliges Amt** in der **eucharistischen Feier** oder Versammlung aus, wobei sie ***in der Person Christi*** handeln und sein Mysterium verkünden, die Gebete der Gläubigen mit dem Opfer ihres Hauptes vereinigen und das einzige Opfer des Neuen Bundes, das **Opfer Christi** nämlich, der sich ein für allemal dem Vater als unbefleckte Gabe dargebracht hat (vgl. Hebr 9,11-28), **vergegenwärtigen** und **zuwenden**.[22]

Dieser Konzilstext verweist auch auf die Enzyklika *Mediator Dei* (1947) von **Papst Pius XII.**, die den wesentlichen Unterschied zwischen den durch die Weihe übertragenen priesterlichen Vollmachten und einem falsch verstandenen allgemeinen Priestertum der Gläubigen, das sich priesterliche Rechte anmaßt, deutlich zur Sprache bringt[23] und damit der Gefahr einer Verflachung der Zölibatsforderung entgegenwirkt.

Eine Zusammenschau aller Dimensionen des Zölibats – Priestertum als Handeln im Namen Christi, seine Verwurzelung im Geheimnis der Kirche, ungeteilte Hingabe – steht im Mittelpunkt des Apostolischen Schreibens *Pastores dabo vobis* (1992) von **Papst Johannes Paul II.** über die Priesterausbildung im Kontext der Gegenwart. Anhand dieser synthetischen Perspektive profiliert sich eine "Theologie des Zölibats" auf Grund der "Wesensverwandtschaft zwischen Christus und seinem Priester":[24]

> Besonders wichtig ist es, dass der Priester die theologische Begründung des Zölibatsgesetzes erfasst. Als Gesetz drückt es noch vor dem Willen des einzelnen, der durch dessen Verfügbarkeit zum Ausdruck gebracht wird, den Willen der Kirche aus. Aber der Wille der Kirche findet seine letzte Begründung in dem Band, *das den Zölibat mit der heiligen Weihe verbindet,* die den Priester Jesus Christus, dem Haupt und Bräutigam der Kirche, gleichgestaltet. Die Kirche als Braut Christi will vom Priester mit der Vollständigkeit und Ausschließlichkeit geliebt werden, mit der Jesus Christus, das Haupt und der Bräutigam, sie geliebt hat. Der priesterliche Zölibat ist also Selbsthingabe *in* und *mit* Christus *an* seine Kirche und Ausdruck des priesterlichen Dienstes an der Kirche in und mit dem Herrn.[25]

---

22 Lumen Gentium 28

23 Vgl. DH 3850

24 Vgl. Stickler aaO, 63

25 Johannes Paul II., Nachsynodales Apostolisches Schreiben *Pastores dabo vobis.* 1992, Nr. 29 (Herv. orig.)

Der an dieser Stelle thematisierte Gesetzescharakter des Zölibats, und zwar auf ekklesiologischer und nicht nur kirchenrechtlicher Basis, widerlegt die Argumente jener, die ihn auf ein historisch bedingtes Phänomen beschränken wollen. Diese theologische Beweisführung von Johannes Paul II. lässt sich aber zusätzlich mit philosophischen Methoden erhärten, wodurch sogar eine ontologische Verbindung zwischen Priestertum und Zölibat nachgewiesen werden kann.

4. Die philosophische Rechtfertigung des Zölibats

Wenn der Zölibat für Weltgeistliche und Ordenspriester gleichermaßen Geltung haben soll, so muss seine Grundlage im gemeinsamen Vergleichsmoment gesucht werden, das im Sakrament der Priesterweihe selbst und den damit verbundenen Vollmachten liegt. Das Charakteristikum des Weihesakraments ist die Befähigung zum Handeln *in persona Christi,* die gemäß Thomas von Aquin in einer Teilhabe an der Gottheit Christi besteht:

> **Christus** aber hat als Herr aufgrund eigener Autorität und eigenem Vermögen unser Heil bewirkt, sofern er **Gott** und **Mensch** war. Seiner Menschheit nach hat er für unsere Erlösung gelitten; seiner Gottheit nach war sein Leiden für uns heilswirksam. Mithin müssen die **Diener Christi Menschen** sein und **in einem bestimmten Sinne**, einer bestimmten Machtvollkommenheit gemäß, **an seiner Gottheit teilhaben**. So hat auch ein Instrument in einem bestimmten Sinne an der Kraft des Haupt-Agens teil.[26]

Diese analoge Teilhabe des Priesters an der Gottheit Christi und den damit verbundenen Machtvollkommenheiten ist eine **wesentliche, reale** und nicht nur symbolische Teilhabe. Sie befähigt zur Sakramentenspendung, wozu vor allem die allein dem Priester zustehende Vollmacht zum Vollzug der Eucharistie, zur Wandlung von Brot und Wein in Leib und Blut Christi, und zur Sündenvergebung gehört:

> Da nun die Macht der Weihe zur Sakramentenspendung bestimmt ist, und es sich beim Sakrament der Eucharistie um das vorzüglichste und umfassendste unter den anderen Sakramenten handelt, [...] so hat man die Macht der Weihe insbesondere im Hinblick auf dieses Sakrament zu erwägen, denn "jedwedes Ding wird nach seinem Ziele benannt" (Aristoteles).
> Nun scheint es Funktion desselben Vermögens zu sein, eine **Vollkom-**

[26] Summa contra gentiles IV, 74 (Herv. G.W.)

> **menheit mitzuteilen** und **die Materie zu deren Aufnahme vorzubereiten**. So besitzt das Feuer das Vermögen, seine Form auf etwas anderes auszubreiten und die Materie zur Aufnahme der Form zu disponieren. Da sich die Macht der Weihe auf die **Ausführung des Sakramentes des Leibes Christi** und dessen **Spendung an die Gläubigen** erstreckt, so muss sich dieselbe Macht darauf erstrecken, die **Gläubigen** für den Empfang dieses Sakramentes **geeignet und würdig zu machen**.[27]

Diese durch die Weihen übertragenen Vollmachten haben ihren Ursprung analog zur innergöttlichen Zeugung, womit sich auch der Zölibat – ungeachtet seiner Zugehörigkeit zum Materialobjekt der Theologie – im Rahmen einer philosophischen Beweisführung legitimieren lässt. Diese Konklusion stammt zwar nicht ausdrücklich von Scheeben, lässt sich aber im Anschluss an seine Unterscheidung von innergöttlicher und geschöpflicher Zeugung aufstellen. Die rein geistige Art der Zeugung in Gott, die "Produktion der zweiten Person", beruht nämlich im Unterschied zur geschöpflichen auf einer freien, vollständigen und nicht mit dem Schöpfungswirken Gottes identischen Selbstmitteilung des göttlichen Wesens:

> Die Schöpfung ist eine freie Tat des göttlichen Willens, durch welche Gott Dinge, die aus sich Nichts waren, ins Dasein ruft und ihnen ein von dem seinigen wesentlich verschiedenes Sein mitteilt. Sein **inneres Wort** hingegen bringt Gott dadurch hervor, dass er sein **eigenes Sein**, seine **eigene Substanz** in dasselbe hineinlegt. Das Wort geht aus dem Innersten, aus der Substanz des Vaters hervor, weil die letztere auf dasselbe übergeht und es in den **Vollbesitz derselben Natur** setzt, welche dem Vater eigen ist.[28]

Der Sohn, das göttliche Wort, ist im Verhältnis zum Vater nicht nur ein "ideales Bild seines Prinzips", sondern zugleich ein "reales, substanziales, persönliches Bild, weil nicht nur die Erkenntnis, sondern auch der Gegenstand derselben, das Wesen der ersten Person, [...], in diesem Worte ausgeprägt und demselben eingeprägt wird". In Gott, "wo alles, was in den Kreaturen zerstreut vorkommt, Eins ist", sind daher im Unterschied zu den Geschöpfen Wesen und Erkenntnis real eins. Der Vater, die erste göttliche Person, drückt also sein Wesen in seinem eingeborenen Sohn, dem göttlichen Wort, vollständig aus und erkennt sich darin:

> Die zweite Person in der Gottheit wird eben dadurch hervorgebracht, dass die erste sich selbst **aussprechen** und bezeugen, ihre Natur ausprä-

---

27 Ebd. (Herv. G.W.)

28 Matthias Joseph Scheeben: *Mysterien des Christentums*. Mainz 1925 (Unveränderter Nachdruck der Erstausgabe von 1865), 80

> gen und offenbaren will; sie erhält die Natur des Vaters eben, um dieselbe in sich darzustellen und zu offenbaren.[29]

Dieser innergöttliche Zeugungsvorgang ist Ausdruck der reinen Aktualität, des reinen geistigen Selbstbesitzes Gottes, in dem sich im Unterschied zum geschaffenen Sein keine unverwirklichten Potenzen finden. Auf dieser Ebene des reinen Aktes ("actus purus") bewegt sich auch die Transsubstantiation, die Verwandlung von Brot und Wein in Leib und Blut Christi, "so dass nur der Leib Christi mit seinem ganzen Wesen unter den Gestalten des Brotes existiert"[30]. Die Transsubstantiation unterscheidet sich daher wesentlich von der in das Gegensatzpaar von Potenz und Akt hineingestellten, für die geschöpfliche Sphäre typischen

> natürlichen Wandlung, so dass der Stoff der Brotes in den Leib Christi mit hinüberginge, oder der Leib Christi erst durch die Umbildung desselben zustande käme[31].

Die Wandlungsworte, die Jesus Christus im Abendmahlsaal gesprochen hat, sind vielmehr vollständige Mitteilung des göttlichen Wesens analog zur innergöttlichen Zeugung, so dass

> der Leib Christi nicht mit dem natürlichen Brote als seinem Vehikel verbunden, nicht im Brote, sondern an der Stelle der Brotsubstanz unter den Akzidenzen derselben gegenwärtig wird, und zwar so, dass er nicht so sehr durch seinen Eintritt die Brotsubstanz verdrängt, als vielmehr aus dem Brote von neuem hervorgebracht, durch **Wandlung des Brotes** in ihn **gegenwärtig** gestellt wird.[32]

Diese Gegenwärtigsetzung des Leibes Christi wiederholt sich in jedem hl. Messopfer, wenn der Priester *in persona Christi* die Wandlungsworte spricht. Die dem Priester durch seine Weihe übertragene Wandlungsvollmacht ist somit Teilhabe an der reinen Aktualität Gottes, die frei ist von Potenzen, d.h. unverwirklichten Möglichkeiten im geschöpflichen Sinn. Mit dieser wesenhaften Teilhabe an der göttlichen Macht Christi lässt sich nun die Zölibatsforderung im ontologischen Sinn begründen:
Aufgrund der reinen Aktualität Gottes und damit seiner reinen Geistigkeit und Heiligkeit wäre es nicht angebracht, dass der Priester seine

---

[29] Ebd. 84
[30] Ebd. 471
[31] Ebd. 470
[32] Ebd. 469 (Herv. G.W.)

Anteilhabe daran mit der Zeugung im irdischen Sinn vermengt. Denn während bei der geschöpflichen Zeugung nur “etwas von der Substanz des Hervorbringenden in das Produkt übergeht”, geht bei der innergöttlichen Zeugung und in weiterer Folge bei der Transsubstantiation infolge der Einfachheit des durch das Wort mitgeteilten göttlichen Wesens “die **ganze Substanz** mit ihrer **ganzen Vollkommenheit** auf das Produkt (über)”[33]. Die vom Priester geforderte kultische Reinheit besteht also in der strikten Trennung von Wandlungsvollmacht analog zur göttlichen Zeugung und dem Vollzug des Ehesakraments.
Anhand dieser Prämissen lässt sich sogar eine Wesensverwandtschaft zwischen Priestertum und Zölibat schlussfolgern und nicht nur die Angemessenheit des letzteren auf der Grundlage eines Kirchengesetzes rechtfertigen. Aus dieser Sicht ist auch der vielfach an die Kirche gerichtete Vorwurf der Leibfeindlichkeit und Abwertung des Ehesakraments zugunsten des Priestertums zu widerlegen. Nicht die Zeugung von Nachkommenschaft als solche, sofern sie im Rahmen der Ehe erfolgt, bedingt die Unreinheit, sondern deren Vermischung mit den durch die Weihe übertragenen priesterlichen Vollmachten als Teilhabe an der reinen Aktualität und damit an der Heiligkeit Gottes. Folglich ist auch die bereits verheirateten Männern erteilte Diakonatsweihe, die noch nicht zum Handeln *in persona Christi* befähigt, mit dem Ehesakrament vereinbar, nicht jedoch die folgenden Weihestufen. Zwischen Priestertum, Realpräsenz Christi in der hl. Eucharistie und Zölibat besteht ein inhärenter Zusammenhang, eine Wesensverwandtschaft, die im göttlichen Stifterwillen der Kirche begründet ist und in der Tradition der römisch-katholischen Kirche ihren ungebrochenen Ausdruck findet.

33 Ebd. 80f. (Herv. G.W.)

Umwandlung in Christus – „Kreuzeswissenschaft“ nach Edith Stein[1]

1. Das Kreuz als Mittel zum Aufbrechen der menschlichen Triebstruktur und zur Vereinigung mit Gott

In enger Anlehnung an ihren Ordensvater Johannes vom Kreuz verfasste Edith Stein im Karmel Echt als letztes Werk die *Kreuzeswissenschaft,*[2] als sie bereits ihrer Vollendung entgegenschritt (1942). Es handelt sich dabei in erster Linie um eine Interpretation des *Liedes von der Dunklen Nacht*, in dem Johannes vom Kreuz den Aufstieg der menschlichen Seele zu Gott beschreibt. Es ist nicht das Messopfer im engen Sinn, das dabei im Vordergrund steht – Edith Stein widmet der Bedeutung der hl. Messe im Leben des hl. Johannes vom Kreuz nur ein kurzes Kapitel[3] –, sondern vielmehr das Kreuz als jenes Mittel, das die Triebstruktur des natürlichen Menschen aufbricht und ihn über Läuterungswege zur Vereinigung mit Gott führt.
Edith Stein kommentiert in der *Kreuzeswissenschaft* zunächst den von Johannes vom Kreuz beschriebenen Weg der aktiven und passiven Läuterung in der dunklen Nacht der Sinne, die aktive und passive Nacht des Geistes als Weg über das Kreuz zur Auferstehung. Sie geht jedoch insofern über ihren Ordensvater hinaus, als sie im Anschluss an die Darstellung dieser Läuterungswege einen Personbegriff entwirft, worin in Analogie zur Heiligsten Dreifaltigkeit völliger Selbstbesitz und völlige Selbstverschenkung konvergieren. Denn erst der geläuterte und mit Gott geeinte Mensch verfügt in dem seinem Geschöpfsein angepassten Maß so weit über sich selbst, dass er sich an andere verschenken kann.

---

[1] Erstveröffentlichung in: Reinhard Dörner, Hg., „'In den letzten Tagen werden schlimme Zeiten hereinbrechen (nach 2Tim 3,1) – Der Antichrist und die Welt von heute“. Berichtband der Osterakademie Kevelaer 2008. ISBN 978-3-9812187-0-1. 185-197. Die hier vorliegende Fassung ist überarbeitet und erweitert.

[2] Edith Stein, *Kreuzeswissenschaft* (abgekürzt: KW). Edith-Stein-Gesamtausgabe (ESGA) 18. Freiburg ²2003

[3] KW 16-18

2. Die Läuterung der Sinneskräfte

Der Begriff der Sinnlichkeit hat bei Edith Stein – in enger Anlehnung an Johannes vom Kreuz[4] – sowohl eine auf den Leib bezogene als auch eine seelische Dimension: „Die ‚Sinne' sind leibliche Organe, doch zugleich die ‚Fenster' der Seele, durch die sie Kenntnis von der Außenwelt gewinnt".[5] Sie sind unerlässlich, damit „in die Kerkerfinsternis unseres leibgebundenen Lebens das Licht der Erkenntnis fällt"[6]. Darin besteht der positive Aspekt der Sinnlichkeit auch in der christlichen Tradition, trotz einer gewissen Analogie zu platonischem Gedankengut, wie dies der Terminus „Kerkerfinsternis" suggeriert. Der eigentlich negative Faktor der Sinnlichkeit besteht für Edith Stein im „Genießen und Begehren, das durch die Sinneseindrücke in der Seele hervorgerufen wird"[7], d.h. in der Triebnatur. Diese Triebhaftigkeit sei bereits auf der Stufe eines rein sinnlichen Seelenlebens und folglich auch beim Tier möglich.

Zwar betont Edith Stein, dass der Mensch durch Erziehung und Erfahrung weiß, dass ein ungehemmtes Ausleben der Triebe schädlich ist und dass dem einzelnen im Gemeinschaftsleben durch das natürliche Recht und das natürliche Sittengesetz Grenzen gesetzt sind. Dadurch werde aber „das natürliche Recht der Triebe nicht angetastet", sondern nur „mit andern Rechten in Ausgleich gebracht"[8]. Wenn jedoch in der Seele für Gott Raum werden soll, müsse diese ihre Einstellung zur sinnenfälligen Welt ändern. Dies geschieht in der dunklen Nacht der Sinne.

2.1. Die aktive Nacht als Kreuzesnachfolge

Sobald die Nacht der Sinne einsetzt, wird das natürliche Zuhausesein in der Welt und ihren Genüssen sowie das Verlangen danach in Frage gestellt. Die Nacht hat dabei einen doppelten Aspekt, je nachdem, ob sie vom Menschen oder von Gott her betrachtet wird. Die Seele hat bei

---

4 Johannes vom Kreuz versucht die geistig-seelische Einheit des Menschen anhand der überlieferten Begriffe der scholastischen Psychologie zu fassen. Die Seele ist demzufolge ein Wirkliches mit mannigfachen Kräften: niederen und höheren oder sinnlichen und geistigen. Dies ist bei Johannes zwar nicht eigens ausgesprochen, wird aber für seine Deutung vorausgesetzt (vgl. KW 93)

5 KW 93

6 KW 38

7 KW 93

8 KW 39

der einsetzenden Läuterung das Gefühl, als wäre ihr der Boden unter den Füßen weggezogen, als wäre es „Nacht" um sie. Daher vergleicht Edith Stein diesen Exodus aus der Sinnenwelt mit dem Hereinbrechen der Nacht als Gegensatz zur Klarheit der natürlichen Erkenntnis. Diese „Nacht" ist zugleich der Beginn eines dunklen, aber sicheren Weges, des Weges des Glaubens. Eine andere Bedeutung hat jedoch die „Nacht" aus der Sicht Gottes: Das natürliche Verlangen des Menschen ist nämlich „Finsternis" – und zwar durch die Sünde begründete – in Gottes Augen. Damit es in der Seele licht wird und Gott darin Raum finden kann, muss der Mensch mit der eigenen Natur auf der ganzen Linie kämpfen, d.h. *„sein Kreuz auf sich nehmen und sich zur Kreuzigung ausliefern*"[9], gemäß dem Wort des Herrn (Lk 14.33):

> Wer nicht allem entsagt, was er (mit dem Verlangen) besitzt, kann mein Jünger nicht sein[10].

Denn die „Herrschaft des Verlangens" ist wahrhaft „Finsternis" in der Seele:

> Die Gelüste ermüden und quälen die Seele, verdunkeln, beflecken und schwächen sie; und sie rauben ihr den Geist Gottes, von dem sie sich durch die Hingabe an den tierischen Geist abwendet.[11]

Den Kampf gegen die natürlichen Begierden eröffnen bedeutet aktives Eingehen in die dunkle Nacht und Kreuzesnachfolge. Demjenigen, der in diese Nacht eintritt, gibt Johannes vom Kreuz eine Reihe von Weisungen, deren wichtigste wohl darin besteht, auf jeglichen Sinnengenuss zu verzichten, wenn er nicht einzig zur Ehre und Verherrlichung Gottes gereicht[12]. Um aber diese Nacht völlig zu durchschreiten, muss der Mensch „der Sünde sterben". Er kann sich zwar „zur Kreuzigung ausliefern, aber er kann sich nicht selbst kreuzigen". Daher muss die in der aktiven Nacht begonnene Läuterung der Sinne in der passiven Nacht von Gott vollendet werden[13].

---

9 Herv. orig.

10 KW 39; der Zusatz stammt von Edith Stein. Sie verweist an dieser Stelle auf ein Zitat des hl. Johannes vom Kreuz.

11 Ebd.

12 KW vgl. 40

13 KW vgl. 41

2.2. Die passive Nacht als Gekreuzigtwerden

Selbst das aktive Eintreten der Seele in die dunkle Nacht ist nur mit Hilfe der zuvorkommenden und helfenden Gnade Gottes möglich. Die Anfänger im geistlichen Leben werden jedoch von dieser Gnade nicht unmittelbar in die „dunkle Nacht" versetzt, sondern erfahren zunächst bei allen geistlichen Übungen reichlich Freude und Trost. Das Verlangen nach geistlichen Tröstungen ist aber eine sublime Form der Ichsucht, von der die Seele in der passiven Nacht der Sinne gereinigt werden muss.

Der Einbruch dieser dunklen Nacht ist daran erkenntlbar, dass die Seele bei den gewohnten geistlichen Übungen keinerlei Befriedigung mehr empfindet. Drei Merkmale geben darüber Aufschluss, ob es sich bei diesem Zustand um die *„reinigende Trockenheit der dunklen Nacht*"[14] handelt und nicht etwa um Lauheit oder Unvollkommenheit:

1. die Abkehr von den Geschöpfen, an denen die Seele keinen Geschmack mehr findet;
2. die Sorge, Gott recht zu dienen und ihm zu gefallen;
3. die Unfähigkeit zur Betrachtung und zum Gebrauch der Vorstellungskraft[15].

Das letztere ist sicher das entscheidende Kennzeichen dieser Phase der dunklen Nacht. Denn Gott teilt sich darin nicht mehr durch die Sinne mit, sondern durch den reinen Geist, und zwar im „Akt der einfachen Beschauung, zu der weder die inneren noch die äußeren Sinne des sinnlichen Menschen eine Befähigung haben"[16]. Diese Beschauung, dunkel und für den sinnlichen Menschen trocken, tritt nun an die Stelle des diskursiven Denkens.

Die Leiden der Seelen in diesem Zustand nennt Edith Stein ein Gekreuzigtwerden: „In ihrer Unfähigkeit, ihre Kräfte zu gebrauchen, sind sie wie festgenagelt." Denn sie spüren „nur das Sterben des sinnlichen Menschen [...], nicht aber den Anbruch des neuen Lebens, der sich darunter verbirgt"[17]. Durch dieses Leiden infolge der Trockenheit des sinnlichen Menschen gelangt die Seele jedoch zu tiefem geistigen Frieden und zu einer ständigen Erinnerung an Gott: Denn durch die Freiheit von allen sinnlichen Stützen wird sie aufgeschlossen für die Wahrheit und fähig, Erleuchtungen zu empfangen[18].

---

[14] Herv. orig.

[15] KW vgl. 41f.

[16] KW 42f.

[17] KW 43

[18] KW vgl. 45

Die dunkle Nacht der Sinne nennt Edith Stein in Anlehnung an Johannes vom Kreuz die „*enge Pforte* (Mt 7,14), die zum Leben führte“[19]. Sie erstreckt sich auf den sinnlichen Teil des Menschen und ist darum mehr äußerlich. Die eigentliche Geburt des Geistmenschen erfolgt jedoch erst in der Nacht des Geistes, die dem gegenüber innerlicher Art ist, da sie den höheren, vernünftigen Teil des Menschen betrifft.

3. Die Läuterung der Geisteskräfte

Die zweite Nacht auf dem Läuterungsweg der Seele ist die „Nacht des Geistes“, auch als „Nacht des Glaubens“ bezeichnet. Der Glaube ist – im Vergleich zum Verlassen der natürlichen Sinnenwelt, dem „Hereinbrechen der Nacht“ – bereits „*mitternächtliches Dunkel*“[20]. Denn in dieser Nacht des Glaubens ist nicht nur die Sinnestätigkeit ausgeschaltet, sondern auch die natürliche Verstandestätigkeit. Das natürliche Licht des menschlichen Verstandes reicht nämlich nicht über die natürliche Erkenntnis hinaus, die er durch die Sinne erwerben kann. Nur Gott selbst kann den menschlichen Geist zu übernatürlicher Erkenntnis erheben, und zwar auf dem Weg des Glaubens in der dunklen Nacht des Geistes.

3.1. Das Eingehen in die aktive Nacht des Geistes

Im dunklen Glauben, der „über allem Verstehen, Genießen, Empfinden und Vorstellen“ steht, muss sich die Seele in die dunkle Nacht des Geistes begeben und darin „ihren natürlichen Kräften, den Sinnen und auch dem Verstand absterben“[21]. Da sich die Unfassbarkeit Gottes weder durch den Verstand noch durch irgendeinen sinnlichen Eindruck oder Begriff fassen lässt, bedarf es des dunklen Glaubens zur Vereinigung und Umgestaltung der Seele in Gott.
Diese dunkle Nacht ist ein Weg der Entäußerung. Er verlangt die Entblößung aller geistigen Kräfte, und zwar „im *Verstand* durch den *Glauben* [...], im *Gedächtnis* durch die *Hoffnung*, im *Willen* durch die *Liebe*“[22].

---

19 KW 44 (Herv. orig.)
20 KW 38 (Herv. orig.)
21 KW 48
22 KW 50 (Herv. orig.)

Der dunkle Glaube ist das einzige Mittel zur Vereinigung mit Gott, indem er Gott als den Unendlichen, Drei-Einen erkennen lässt. Dieser Glaube ist allerdings eine *„dunkle und allgemeine Erkenntnis“*[23], die nicht nur zur natürlichen Verstandestätigkeit, sondern auch zu allen deutlich fassbaren übernatürlichen Erkenntnissen wie Gesichtern, Offenbarungen und dergleichen in Gegensatz steht. Die *Kreuzeswissenschaft* betont daher mehrfach die Notwendigkeit, auf diese Erkenntnisse und selbst alle übernatürlichen Güter, die Gott der Seele schenkt, im Hinblick auf die Vereinigung mit Gott selbst zu verzichten.
Der Verzicht erstreckt sich aber auch auf das Gedächtnis, das sich von allen „natürlich beengenden Schranken“, d.h. „jegliche(r) genau umschriebener Kenntnis und [...] jede(m) sinnenfälligen Besitz“[24] befreien muss, um zur Hoffnung des unbegreiflichen Gottes zu gelangen. Lediglich das dunkle, allgemeine Wissen um Gott darf die Seele festhalten, nicht aber bildliche Vorstellungen oder Vergleiche.
Die Läuterung der dunklen Nacht erstreckt sich schließlich auf den Willen, der von den „Passionen“ der Seele, nämlich Freude, Hoffnung, Schmerz und Furcht auf dem Weg zu Gott behindert wird. Diese Leidenschaften müssen durch die Vernunft so auf Gott hingeordnet werden, dass die Seele ausschließlich an dem Freude findet, was zur Verherrlichung Gottes dient[25]. Nur so erfährt der Wille seine Prägung durch die Gottesliebe, damit die Seele dem biblischen Gebot, Gott aus ganzem Herzen, aus ganzer Seele und mit allen Kräften zu lieben, entsprechen kann.
Durch die Läuterung der natürlichen Kräfte erlangt die Seele übernatürliche Güter:

> Der Verstand wird durch übernatürliche Erleuchtung zu Einsichten erhoben, die er sich mit seiner eigenen Erkenntnisarbeit niemals verschaffen könnte. Das Herz wird erfüllt mit himmlischem Trost, neben dem alle Freuden und Genüsse der Welt verblassen.[26]

Doch auch von diesen übernatürlichen Gaben muss sich die Seele wieder loslösen, „um statt der Gaben den Geber zu gewinnen“[27]. Dies erfolgt durch das Eingreifen Gottes in der passiven Nacht des Geistes, in der dunklen mystischen Beschauung.

---

[23] KW 54 (Herv. orig.)
[24] KW 67
[25] KW vgl. 74
[26] KW 99
[27] Ebd.

3.2. Die passive Nacht des Geistes als dunkle Beschauung

Auf ihrem Läuterungsweg kommt die Seele an einen Punkt, wo ihr alle Freude sowohl an den irdischen Dingen als auch an den geistlichen Übungen genommen und sie in äußerste Trockenheit versetzt wird. In völliger Dunkelheit und Leere wird der Glaube zu ihrem einzigen Halt. Dieser Glaube weist sie auf Christus hin in seiner Armut und Niedrigkeit am Kreuz, in seiner tiefsten Gottverlassenheit. In seinem Zustand der äußersten Armut und Verlassenheit findet sie ihren eigenen wieder. Wenn sie dann erkennt, dass Christus in seiner äußersten Erniedrigung am Kreuz das Höchste gewirkt hat, nämlich die Versöhnung und Vereinigung der Menschheit mit Gott, dann begreift sie auch, dass ihr sinnliches und geistiges Gekreuzigtwerden zur Vereinigung mit Gott führt:

> Wie Jesus in seiner Todesverlassenheit sich in die Hände des unsichtbaren und unbegreiflichen Gottes übergab, so wird sie sich hineinbegeben in das mitternächtliche Dunkel des Glaubens, der der einzige Weg zu dem unbegreiflichen Gott ist.[28]

Auf diesem Weg wird ihr die mystische Beschauung zuteil, „die geheimnisvolle Gottesweisheit, die dunkle und allgemeine Erkenntnis“. Dieses Dunkel allein ist dem unfasslichen Gott angepasst, der für den Verstand Finsternis ist, weil er ihn blendet. Die mystische Beschauung strömt in die Seele ein und kann dies umso ungehinderter, je mehr sich die Seele von allem losgelöst hat. Es handelt sich dabei um ein dunkles, liebendes Erkennen innerlicher Art:

> Es ist kein bloßes Annehmen der gehörten Glaubensbotschaft, kein bloßes Sichzuwenden zu dem Gott, den man nur vom Hörensagen kennt, sondern ein inneres *Berührtwerden* und ein *Erfahren* Gottes, das die Kraft hat, von allen geschaffenen Dingen loszulösen und emporzuheben und zugleich in eine Liebe zu versenken, die ihren Gegenstand nicht kennt.[29]

Die Seele gelangt dabei zu einer völligen Hingabe an den verborgenen Gott, der sich ihr in Liebe zugewandt hat. Diese Hingabe ist jedoch unabhängig von Gefühlen und äußert sich in erster Linie in der Opferbereitschaft bis zum letzten.
Das völlige Eingehen in den Willen Gottes zeigt sich darin, dass sich die Seele auch von aller Anhänglichkeit an übernatürliche Gnadenga-

---

[28] KW 100
[29] Ebd.

ben und Mitteilungen losgelöst hat und gerne in der Dunkelheit des Glaubens verweilen möchte. Diese Gnadengaben sind nämlich bei vielen Seelen Anlass zu Überheblichkeit und somit hinderlich auf dem Weg der Einswerdung mit Gott, da sie auch zusammen mit Unvollkommenheiten in der noch nicht völlig geläuterten Seele bestehen können. All diese Schwächen heilt Gott in der dunklen Nacht des Geistes,

> indem er den Verstand der Finsternis ausliefert, den Willen der Trockenheit, das Gedächtnis der Leere und die Neigungen der Seele äußerster Betrübnis, Bitterkeit und Bedrängnis...[30].

In dieser passiven Nacht des Geistes erfährt die Seele durch die Vernichtung ihrer natürlichen Kräfte und die Beraubung aller übernatürlichen Gaben ihre letzte Läuterung. Diese Reinigung ist für sie sehr beschwerlich, weil die göttliche Weisheit, die sich der Seele mitteilt, deren Fassungskraft übersteigt. Auch erlebt die Seele in diesem Stadium ihres Weges ebenso schmerzlich ihre natürlichen Schwächen und Unzulänglichkeiten. Nur so kann sie zum Leben des Geistes wiedergeboren werden.

Durch die Leiden der Nacht des Geistes wird die Seele ganz in Gott umgewandelt:

> Der menschliche Verstand, in übernatürlicher Erleuchtung mit dem göttlichen vereint, wird ein göttlicher; ebenso der Wille in der Vereinigung mit dem göttlichen Willen und der göttlichen Liebe, das Gedächtnis und alle Neigungen und Begehrungen in gottgemäßer Umwandlung und Veränderung.[31]

In der dunklen Nacht des Glaubens gerät die Seele in die größtmögliche Nähe Gottes, der sie unter seine besondere Obhut nimmt und sie von allem befreit, was nicht er selbst ist. Die dunkle Liebe, zu der die Seele durch diese besondere Läuterung gelangt, macht sie bereit, losgelöst von sich selbst und allen geschaffenen Dingen „im Dunkel wohl geborgen“ der Liebesvereinigung mit Gott entgegenzugehen, „vermummt und auf geheimer Leiter“[32].

Die *Geheime Leiter* ist die dunkle Beschauung. Geheim ist sie insofern, als sie als mystische Gottesweisheit durch die Liebe auf geheimnisvolle Weise eingegossen wird. Der Seele selbst ist sie verborgen, sie hat keine Kenntnis davon. Auch in ihren Wirkungen handelt es sich um eine geheime, verborgene Weisheit. Die Seele ist außerstande, sie als Sinn-

---

30 KW 101

31 KW 113

32 KW 115

bild darzustellen oder in Begriffe zu fassen, ja sie hat nicht einmal das Verlangen danach. Gott teilt sich der Seele dabei ganz innerlich und auf eine rein geistige Weise mit, die über alle Fähigkeiten der äußeren und inneren Sinne hinausgeht. Geheim heißt die mystische Weisheit auch deshalb, weil sie sich der Seele manchmal mit einer unendlichen Gewalt bemächtigt und sie „in einer Weise in ihren verborgenen Abgrund (zieht), dass diese deutlich erkennen kann, wie weit entfernt sie von allen Geschöpfen ist“[33].
Die von den geschaffenen Dingen losgelöste Seele beginnt nun ihren eigentlichen Aufstieg zu Gott. Daher wird die dunkle Beschauung eine „Leiter“[34] genannt. Die Seele steigt, „mittels dieser verborgenen Beschauung, ohne zu wissen wie, empor, um die himmlischen Schätze und Güter zu erstürmen, zu erkennen und zu besitzen“. Sie wird aber auch deshalb eine Leiter genannt, weil sie „eine Wissenschaft der Liebe ist, ein eingegossenes liebendes Erkennen Gottes“[35]. Die Seele steigt darauf von Stufe zu Stufe empor, bis sie zur liebenden Vereinigung mit ihrem Gott und Schöpfer gelangt ist.
Zu den Sprossen dieser Leiter betont Edith Stein in Anlehnung an Thomas von Aquin, dass Gott allein sie messen und abwägen kann. Daher ist es dem natürlichen Verstand unmöglich, sie in ihrer Wesenheit zu erkennen. Die Seele kann diese Leiter nur in der Kraft der drei göttlichen Tugenden ersteigen: im Glauben, in der Hoffnung, in der Liebe. Dafür verwenden Johannes vom Kreuz und Edith Stein das Symbol des „dreifarbigen Kleides“, das der Seele ermöglicht, „vermummt“ bzw. „verkleidet“ auf der geheimen Leiter zu entweichen. Die Seele bei ihrem Aufstieg

> hüllt sich dabei in jene Kleidung, welche die Neigungen ihres Geistes am deutlichsten zum Ausdruck bringen kann und in denen sie ihren Widersachern... gegenüber, [...], am sichersten wandeln kann[36].

Der Glaube wird mit einem blendend weißen Unterkleid verglichen, dessen Glanz „das Sehvermögen eines jeden Verstandes zunichte macht“[37]. Die Seele bedarf dieses Kleides, wenn sie von keiner natürlichen Erkenntnis mehr befriedigt wird und zugleich keine übernatürliche Erleuchtung mehr erhält.

---

[33] KW 116
[34] Diesen Terminus entlehnt Edith Stein dem Nacht-Gesang des hl. Johannes vom Kreuz.
[35] KW 117
[36] KW 120
[37] KW 120f.

Die Hoffnung ist symbolisiert durch ein grünes Mieder, das die Seele trägt, nachdem sie sich „aller weltlichen Trachten und Kleider entledigt hat“[38], den Blick ausschließlich auf Gott gerichtet. Über diesen beiden „Kleidern“ trägt die Seele schließlich als Vollendung eine hochrote Toga als Sinnbild der Liebe, welche die Seele vor jeglicher Selbstsucht schützt und alle die anderen Tugenden stärkt:

> Denn ohne die heilige Liebe ist keine Tugend vor Gott angenehm.[39]

Mit dem Aufstieg der Seele zu Gott durch die drei göttlichen Tugenden bricht die Abhandlung von der dunklen Nacht bei Johannes vom Kreuz ab und in der Folge auch die Darstellung des Läuterungsweges der menschlichen Seele und deren Umgestaltung in Christus bei Edith Stein. In einem späteren Abschnitt der *Kreuzeswissenschaft,* „Die Herrlichkeit der Auferstehung“[40], greift Edith Stein allerdings nochmals auf Johannes vom Kreuz zurück. Darin schildert sie die Arten der Vereinigung mit Gott und deren Wirkungen auf die Seele.
Zwischen diese beiden Kapitel der *Kreuzeswissenschaft* ist eine längere, selbständige Abhandlung Edith Steins eingeschaltet. Sie trägt den Titel „Die Seele im Reich des Geistes und der Geister“ und setzt sich mit dem Aufbau der menschlichen Seele, der menschlichen Person und deren Freiheit auseinander. Diese Darlegungen sind jedoch nur vor dem Hintergrund jenes Läuterungsweges, der in der *Kreuzeswissenschaft* aufgezeigt ist, zu verstehen.

4. Das menschliche Personsein als geläutertes und vollendetes Sein bei Edith Stein

Mit der Frage der menschlichen Person, ihrer Individualität und Freiheit setzt sich Edith Stein schon in ihrem Frühwerk auseinander. Aber erst in der *Kreuzeswissenschaft* gelangen die zentralen Fragestellungen von Seele, Person, Ich und Freiheit zur Vollendung.

---

[38] KW 121
[39] KW 122
[40] KW 155-231

4.1. Seele, Ich und Freiheit

Bereits in ihrem philosophischen Hauptwerk *Endliches und ewiges Sein* definiert Edith Stein die Seele als den "Raum in der Mitte des leiblich-seelisch-geistigen Ganzen"[41]. In Anlehnung an die griechische Metaphysik unterscheidet sie zwischen einer im Leib wohnenden Sinnenseele und einer Geistseele, deren Aufgabe die Erkenntnis und das Verständnis der durch die Sinne wahrgenommenen äußeren Welt ist. Dazu kommt bei ihr noch jene typisch christliche Dimension, die mit dem Seelenbegriff des hl. Augustinus verwandt ist:

> In ihrem Innersten, im Wesen oder tiefsten Grund der Seele, ist sie eigentlich zu Hause.[42]

Zu sich selbst, in ihr Innerstes, gelangt die Seele erst in ihrem Aufstieg zu Gott – oder sie wird über sich selbst dorthin erhoben. Hier ist auch der Wohnort des persönlichen Ich. Im Unterschied jedoch zur Seele, die Edith Stein mit einem "Raum" bzw. einer "Burg mit vielen Wohnungen"[43] vergleicht, ist das Ich infolge seiner Beweglichkeit "punktförmig":

> Das Ich ist das in der Seele, wodurch sie sich selbst besitzt und was sich in ihr als in seinem eigenen ‚Raum' bewegt.[44]

Daher kann es an jedem Punkt der Seele gegenwärtig sein, "wo es etwas gegenwärtig-lebendig spürt"[45]. Das Ich ist also seiner selbst inne, die Seele aber nicht. Denn das Leben in der Tiefe der Seele, wo es noch keine Aufteilung in einzelne Seelenkräfte gibt, ist ihr selbst verborgen. In diesem "Innersten ist die Wohnstätte Gottes und der Ort der Vereinigung der Seele mit Gott", unbeschadet ihres "Eigenlebens", das hier flutet, "ehe das Leben der Vereinigung beginnt". Dieses formlose "Ur-Leben" der Tiefe ist daher allen Menschen unabhängig von ihrer Vereinigung mit Gott gemeinsam[46], sozusagen von Natur aus mitgegeben und der freien Verfügung des einzelnen entzogen.

---

[41] Edith Stein, *Endliches und Ewiges Sein* (abgekürzt: EES). ESGA 11/12. Freiburg 2006, 317

[42] KW 126

[43] Ebd. 318. Edith Stein entnimmt das Vergleichsmoment der Burg den Schriften der hl. Teresa von Avila.

[44] KW 133

[45] Ebd.

[46] KW 131

Das Ich ist hingegen infolge seiner "Beweglichkeit" jene Instanz, die über das Ausmaß der menschlichen Freiheit entscheidet. Denn der tiefste Punkt der Seele, wohin sich das Ich begeben kann, ist der Ort ihrer eigentlichen Freiheit, "der Ort, an dem sie ihr ganzes Sein zusammenfassen und darüber entscheiden kann"[47]. Die einzelnen Entscheidungen des Menschen haben eine unterschiedliche Tiefe. So ist der Sinnenmensch in seinen Entscheidungen unfrei, weil er von Sinnlichkeit und Genusssucht bestimmt wird. Ethische Entscheidungen sind jedoch nur aus dem Innersten der Seele heraus möglich, das dem menschlichen Bewusstsein entzogen ist. Edith Stein begründet diese ihre Auffassung damit, dass der einzelne, selbst wenn er den besten Willen hat, die Tragweite seiner Entscheidungen nicht zu überblicken vermag und dass er dazu erst – unbeschadet der Forderungen des natürlichen Sittengesetzes – "Auge in Auge mit Gott" fähig wird[48]. Dies bedeutet jedoch nicht, dass die Seele, um vollwertige sittliche Entscheidungen zu treffen, bereits zur vollkommensten Liebesvereinigung, zur mystischen Vermählung gelangt sein muss. Das ausschlaggebende Kriterium ist dabei nach Edith Stein vielmehr die völlige willentliche Einswerdung mit Gott. Denn wenn

> jemand im Glaubensleben so weit gekommen ist, dass er sich ganz für Gott entschieden hat und nichts mehr will, als was Gott will, ist er dann nicht im Innersten angekommen [..]?[49],

selbst wenn die letzte Liebesvereinigung noch aussteht.
Wie aus diesen Ausführungen ersichtlich, verknüpft Edith Stein den Begriff der Freiheit aufs engste mit dem der geläuterten, mit dem Willen Gottes eins gewordenen Seele. Mit der Freiheit verbunden ist bei ihr aber auch die Selbsthingabe. Daher ist auch ihr Personbegriff zutiefst trinitarisch geprägt. Denn so wie Gott "über sich selbst verfügen (kann), völlig frei aus sich heraus(geht) und doch in sich selbst (bleibt)"[50], so soll auch die Seele in Freiheit sich selbst besitzen und zugleich sich selbst verschenken.

---

47 KW 133
48 KW 138
49 Ebd.
50 KW 127

4.2. Der Personbegriff bei Edith Stein

Der Personbegriff wird von Edith Stein zunächst im Abgrenzung zum Ich definiert: Das Ich ist "gleichsam die Durchbruchstelle aus der dunklen Tiefe zur klaren Helligkeit des bewussten Lebens". Die menschliche Person hingegen ist der "hinter und über dem leib-seelischen Ganzen aufgerichtete Träger" bzw. "die zusammenfassende Form der Fülle"[51]. Ein Leben als reines Ich ist für den Menschen unmöglich. Denn die Wesensfülle, aus der er lebt, leuchtet im wachen Leben auf, kann aber niemals ganz durchleuchtet oder beherrscht werden. Diese menschliche Person besitzt eine Gemeinsamkeit mit dem Personsein Gottes, sofern sie "bewusst und frei lebend (ist), ihre Wesensfülle umfassend und tragend"[52]. Als geschaffenes Wesen ist sie jedoch nicht imstande, ihr ganzes Sein persönlich zu durchformen. Sie steigt vielmehr aus einem dunklen Grund auf und wird von diesem getragen. Dieser Grund ist bekanntlich – ungeachtet des Eigenlebens der menschlichen Seele – der Ort der Vereinigung mit Gott.
An dieser Stelle erfolgt auch die Verankerung der individuellen Geistseele in Gott. Diese Individualität wie auch jene des menschlichen Personseins überhaupt ist der typisch christliche Aspekt bei Edith Stein, der sie über die griechische Metaphysik wie auch über Thomas von Aquin hinausführt und an Duns Scotus[53] annähert.
Zwar folgt sie prinzipiell der Auffassung des Aquinaten, dass die Seele die "Form des Leibes" ist, und zwar durch ihr "ganzes einheitliches Wesen", in dem nicht nur ihre niederen, der Pflanzen- und Tierwelt verwandten Anlagen, auch ihre höheren Fähigkeiten wurzeln. Die reine Geistigkeit der Seele ist hingegen durch deren Tiefendimension bestimmt. "Das ‚Innere und Innerste' – das ist aber das ‚Geistigste', das der Stofflichkeit Fernste, was die Seele in ihrer Tiefe bewegt." Diese ganzheitliche Funktion der nicht mehr notwendig an den Körper gebundenen Geistseele ist daher die eigentliche Ursache, warum "alles Stoffliche vom Geist aufgebaut ist [...], dass jedes Stoffgebilde geisterfüllt ist".[54] Daher bestimmt die Form den Stoff und nicht umgekehrt: "Der

---

51 Ebd. 320

52 Ebd. 321

53 Duns Scotus (1266-1308) war einer der bedeutendsten franziskanischen Theologen, der dem philosophischen Denken seiner Zeit eine einschneidende Wende gegeben hat. Dazu gehört vor allem die von ihm praktizierte Trennung von Philosophie und Theologie, die er als unterschiedliche Disziplinen mit unterschiedlichen Kompetenzbereichen betrachtete.

54 EES 321

Stoff ist dieser und jener, weil er zu dieser und jener Form gehört."[55] Durch diese ihre spezifische Sicht der Geistseele distanziert sich Edith Stein logischerweise von der durch die griechische Metaphysik beeinflussten Auffassung des Aquinaten, wonach der Stoff "nicht nur Mittel der Unterscheidbarkeit der Einzeldinge, [...] sondern Seinsgrund" ist. Die thomistische Auffassung hätte nämlich zur Folge, dass "die Form diese und jene (ist), einzig weil sie in diesem oder jenem Stoffe ist"[56], also letztlich eine Umkehr des Verhältnisses Geist-Materie. Der Primat würde dabei der Materie zukommen, die Thomas von Aquin in Anlehnung an Aristoteles auch als Individuationsprinzip betrachtet. Die menschliche Seele wäre demzufolge nur eine zahlenmäßige, durch den Stoff begrenzte Vervielfältigung der allgemeinen menschlichen Geistseele. Die Frage nach der menschlichen Individualität, die damit als Seinsmangel begriffen wird, bleibt dadurch ungelöst.
Im Unterschied zu Thomas vertritt Edith Stein die Auffassung, dass ein Individuum

> nicht nur ein Ding (ist), das zahlenmäßig eines und von allen andern verschieden ist, sondern auch und sogar in erster Linie ein von allen anderen inhaltlich verschiedenes.[57]

Die Individualität ist somit für sie durch die Form, nicht durch die Materie begründet und kann nicht mehr wie in der griechischen Metaphysik als Mangel an Sein begriffen werden. Unter expliziter Berufung auf Duns Scotus definiert Edith Stein daher das, was die "individuelle Wesensform von der allgemeinen scheidet, (als) etwas positiv Seiendes"[58]. Folglich sind die allgemeine und die individuelle Seele des Menschen bei ihr

> nicht als getrennte Bestandstücke zu denken, sondern sind realiter eines: keine Seele kann anders als in individueller Ausprägung existieren[59].

Eine solche Sicht menschlicher Individualität indiziert eine enge Anlehnung an den Personbegriff von Duns Scotus und ist auch nur auf der Grundlage dieses Begriffs denkbar.
Nach seiner Lehre ist die Individualität der geistbegabten Geschöpfe dadurch bestimmt, dass zur allgemeinen Geistnatur eine sie zu "dieser" ("haec") unvertauschbaren Singularität prägende Größe hinzutritt, die

---

[55] Ebd. 404
[56] Ebd. 403
[57] Ebd. 416
[58] Ebd. 408f. (Anm. 42)
[59] Edith Stein, *Ganzheitliches Leben.* Edith Stein Werke, Band XII. Freiburg 1990, 32

"haecceitas" oder "Diesheit"[60]. Diese Wesensform der menschlichen Geistnatur besitzt sich also, indem sie durch die Zurücknahme ihrer selbst empfänglich wird für die Entgegennahme der sie individuierenden Form der haecceitas gemäß dem trinitarischen Urbild:

> Das empfangende Inbesitznehmen entspricht als geschöpflicher Modus dem trinitarischen Verschenken der Natur.[61]

Und so wie das Personsein der drei göttlichen Personen ausschließlich darin besteht, dass sie "in ihrem Geöffnetsein füreinander" aufgehen[62], so vollendet sich menschliches Personsein im Verschenken des eigenen geläuterten Seins[63].
Von diesem Gedankengut, das sie in der *Kreuzeswissenschaft* zur Vollendung bringt, war Edith Stein offensichtlich schon von ihrer Konversion an beeinflusst. Denn bereits in ihrem Frühwerk findet sich die Aussage, dass es wahres Menschentum nur in individueller Ausprägung gibt, die sich aber nicht anders als in der Hingabe an Gott verwirklichen lässt[64]. Dazu bedarf es aber der Umwandlung des natürlichen Menschen in Christus und seiner Verankerung in Gott.

---

60 Zu diesem Fragenkomplex vgl. Ludger Honnefelder, *Johannes Duns Scotus.* München 2005, 105f.

61 Alma von Stockhausen, *Die Inkarnation des Logos – der Angelpunkt der Denkgeschichte.* Schriftenreihe der Gustav-Siewerth-Akademie, Band 1. Weilheim-Bierbronnen 2006, 108

62 Michael Schmaus, *Katholische Dogmatik.* Band I: Einleitung – Gott der Eine und Dreieinige. München ²1940, 208

63 Während aber die Personhaftigkeit der drei göttlichen Personen ausschließlich darin besteht, "dass sie füreinander sind" bzw. sich durch ihre gegenseitige Selbstverschenkung konstituieren, ist im geschaffenen Bereich ein Personsein dieser Art, nämlich Selbstkonstitution durch totale Verschenkung des eigenen Wesens, unmöglich. Eine menschliche Person kann nämlich nicht, wie beispielsweise Heidegger behauptet, in den Beziehungen zur Umwelt und zum Mitmenschen aufgehen. (vgl. ebd)

64 Vgl. Edith Stein, *Bildung und Entfaltung der Individualität.* Beiträge zum christlichen Erziehungsauftrag. ESGA 16. Freiburg 2001, 7

Der Sühnegedanke bei Edith Stein

1. Der Sühnebegriff bei Edith Stein und seine verzerrte Darstellung

Die Sühne ist einer der Grundpfeiler im Gedankengebäude Edith Steins, wird aber heute in jenen Kreisen, die sich der Erforschung ihres Lebens und der Aufbereitung ihrer Werke widmen, vielfach verzerrt dargestellt. Anlass dazu war jener umstrittene, aber authentische Passus in ihrem Testament, in dem sie Gott ihr Leben ausdrücklich „zur Sühne für den Unglauben des jüdischen Volkes" anbietet.[1] Dieser Aspekt der Sühne wird selbst innerhalb des Karmeliterordens, dem Edith Stein – Sr. Teresia Benedicta a Cruce – angehörte, zugunsten eines falsch verstandenen „Dialogs" in den Hintergrund gedrängt, wie folgendes Beispiel verdeutlicht:

> G. B. Ginzel sieht zwar bei Edith Stein jüdischen Selbsthass, da sie z.B. in ihrem Testament ihr Leben u.a. „für den Unglauben des jüdischen Volkes" hingeben will. Dieses Sprachspiel übernahm Edith Stein von dem vorkonziliaren kirchlichen Antijudaismus. Die Opferterminologie im Katholizismus war besonders seit dem 19. Jhdt. verbreitet. Mit einer gewissen Naivität und einem Schuss Pelagianismus opferte man sich für alles: für die Sünder, für die Gottlosen, für die Bolschewisten, die Nazis, für die ärmsten Priesterseelen im Fegefeuer usw. Ob Gott ein solches Opfer annimmt, stellte man nicht in Frage. Nach dem Holocaust müssen wir in der Kirche behutsamer umgehen mit solchen Opferterminologien.[2]

An dieser Stelle kommen – abgesehen von der tendenziösen Darstellung Edith Steins – jene entscheidenden Irrtümer zum Vorschein, denen heute eine theologische Fundierung der Sühne ausgesetzt ist. Verantwortlich für diese Ausgrenzung des Sühnegedankens in der modernen Theologie ist nicht zuletzt eine einseitige Deutung mancher Texte des II. Vatikanums wie etwa *Nostra Aetate* Nr. 4 über das Verhältnis der Kirche zum Judentum. Die tiefste Ursache für die Verdrängung des

---

1 Edith Stein, *Aus dem Leben einer jüdischen Familie* und weitere autobiographische Beiträge (abgekürzt: LJF). Edith-Stein-Gesamtausgabe (ESGA) 1. Freiburg 2002, 375

2 Waltraud Herbstrith OCD, Einleitung zu: Felix M. Schandl OCD, *„Ich sah aus meinem Volk die Kirche wachsen!"* Jüdische Bezüge und Strukturen in Leben und Werk Edith Steins (1891-1942). Sinzig 1990, XVI-XXII, hier: XX. Der Pelagianismus leugnet die Erbsünde und folglich die Notwendigkeit der heiligmachenden sowie der helfenden Gnade („Selbsterlösung").

Sühnegedankens besteht aber in einer verkürzten Sicht, ja Leugnung des Gnadenlebens und Gnadenwirkens der Kirche im Gefolge synkretistischer Bestrebungen.
Eine solche Kritik an Edith Stein trifft also die Kirche als Mystischen Leib Christi und Mittlerin des Heils. In Wirklichkeit zeichnet sich bei Edith Stein eine philosophische und geistlich unterbaute Sicht der Sühne ab, die ihr gesamtes Werk durchzieht und nichts an zeitloser Aktualität verloren hat. Das Spektrum ihres Sühnebegriffs reicht vom juristischen Bereich mit einer vorerst subjektivistischen Akzentuierung bis zur sühnenden Teilhabe am Leiden Christi in einer umfassenden Heilsperspektive und ist nur vor dem Hintergrund der kirchlichen Überlieferung sowie ihres persönlichen Werdegangs verständlich.

2. Der Sühnebegriff im allgemeinen

Die Sühne im weitesten Sinn besteht darin, ein durch Schuld gestörtes Verhältnis wieder herzustellen. Im Rechtswesen steht dabei der Aspekt der Strafe bzw. der Buße zugunsten der durch Unrecht geschädigten Person im Vordergrund. Im religiösen Bereich hingegen überwiegt der Versöhnungsgedanke, der aber die Tilgung der Schuld und die Neutralisierung ihrer Folgen eben durch die Sühne voraussetzt. Bereits der alttestamentliche Sühnebegriff unterscheidet sich aber wesentlich von jenem der heidnischen Religionen, die den durch menschliche Schuld entfachten Zorn ihrer Götterwelt durch Sühne zu beschwichtigen trachteten. Im Alten Bund hingegen

> bestand das Sühnegeschehen darin, dass Jahwe die zerstörende Unheilswirkung einer Tat aufhob. Er unterbrach den Sünde-Unheilszusammenhang, und zwar geschah das in der Regel auf die Weise, dass die Unheilswirkung des Bösen auf ein Tier abgeleitet wurde, das stellvertretend für den Menschen (oder den Kultgegenstand) starb. Sühne war also **kein Strafakt**, sondern ein **Heilsgeschehen.**[3]

Von entscheidender Bedeutung ist, dass Jahwe selbst zum aktiven Vollzug der Sühne aufgerufen wird: „Demnach ist nicht Jahwe der Empfänger der Sühne, sondern Israel; vielmehr ist Jahwe der Handelnde, indem er den Unheilsbann von der belasteten Gemeinschaft abwendet."[4] Die Propheten waren sich aber zunehmend der Unzulänglichkeit

---

[3] Gerhard von Rad, *Theologie des Alten Testaments.* Bd. I. München [4]1962, 284 (Herv. G.W.)
[4] Ebd. 283

dieser Tieropfer bewusst (vgl. Jes 40,16: „Der Libanon reicht nicht zum Feuer hin, seine Tiere reichen nicht hin zum Brandopfer"). Jede Art von rein geschöpflicher Genugtuungsleistung war als Gegenstand der Sühne unzureichend und konnte den Zusammenhang von Schuld und Unheil nicht endgültig durchbrechen. Aber auch die innere Verfassung desjenigen, der die Sühne leistet, kommt in den alttestamentlichen Texten nur vereinzelt zur Sprache (Ps 50,19: „Ein Opfer für Gott ist ein zerknirschter Geist, ein reuiges und gedemütigtes Herz wirst Du, o Gott, nicht verschmähen"). Die Erkenntnis vom Ungenügen der bisherigen Sühneleistungen, die den Menschen innerlich nicht zu reinigen vermochten, weckt die Sehnsucht nach endgültiger Versöhnung, nach einem Neuen Bund Gottes mit den Menschen:

> Nicht Schlachtopfer und Speiseopfer hast du verlangt, doch Ohren hast du mir bereitet; Brandopfer und Sündopfer begehrst du nicht. Da sprach ich: Siehe, ich komme! In der Buchrolle ist von mir geschrieben, ich komme, deinen Willen zu tun. Mein Gott! ich will es und dein Gesetz ist in meines Herzens Mitte (Ps 39,7-9).

Der Neue Bund wurde durch das Kreuzesopfer Christi geschlossen, das ein für allemal alle Sünden der Welt getilgt hat:

> Denn nicht in ein von Menschenhänden gemachtes Allerheiligste ging Jesus ein, [...] auch nicht, um sich selbst oftmals darzubringen, wie der Hohepriester, der Jahre mit fremdem Blut in das Allerheiligste eingeht, sonst hätte er oftmals leiden müssen vom Anbeginn der Welt an; nun aber ist er einmal in der Vollendung der Zeiten zur Hinwegnahme der Sünde durch sein Opfer erschienen. Und gleichwie es dem Menschen bestimmt ist, einmal zu sterben, darnach aber das Gericht folgt, so ist auch **Christus einmal dargebracht** worden, um die **Sünden vieler wegzunehmen**. (Hebr 9, 24-28).

Im Anschluss daran hält das Konzil von Trient (1545-1563) in Abgrenzung gegenüber den protestantischen Irrtümern[5] am Sühnecharakter des hl. Messopfers fest:

---

[5] Vgl. dazu Leo Cardinal Scheffczyk/Anton Ziegenaus, *Die Heilsgegenwart in der Kirche. Sakramentenlehre.* Katholische Dogmatik, Band VII. Aachen 2003, 317f: „Luthers Kritik an der Papstkirche richtet sich vor allem gegen die Auffassung, die Messe sei ein Opfer. Diese sei eine Gotteslästerung, weil der Mensch, der aus Gnade und im Glauben gerechtfertigt wird, sich durch sein eigenes Werk rechtfertigen wolle. Im Einzelnen wendet er sich gegen die Applikation der Früchte des Messopfers an Lebende und Verstorbene, gegen das Messpriestertum, das mit der Leugnung des Opfers letztlich seinen Sinn verliert [...]. Das Messopfer widerspricht also nach Luther der Rechtfertigung des Menschen aus Gnade, führt ein verdienstliches Werk ein und tastet die Singularität des Kreuzesopfers an."

> Und weil in diesem göttlichen Opfer, das in der Messe vollzogen wird, jener selbe Christus enthalten ist und unblutig geopfert wird, der auf dem Altar des Kreuzes ein für allemal sich selbst blutig opferte (vgl. *Hebr 9,14-27)*: so lehrt das heilige Konzil, dass dieses Opfer wahrhaft ein **Sühnopfer** ist.[6]

In Zusammenschau mit weiteren Canones über das Messopfer zeichnet sich in den Konzilstexten eine heute wenig reflektierte Sühnetheologie ab, die sich in erster Linie auf die Gegenwärtigsetzung des Kreuzesopfers im hl. Messopfer und in weiterer Folge auf die Einheit der Kirche als Mystischer Leib Christi mit seinem Haupt gründet:

> Wer sagt, das Messopfer sei lediglich ein Lob- und Dankopfer oder ein bloßes Gedächtnis des am Kreuze vollzogenen Opfers, nicht aber ein Sühnopfer; oder es nütze allein dem, der es empfängt; und man dürfe es auch nicht für Lebende und Verstorbene, für Sünden, Strafen, zur Genugtuung und für andere Nöte darbringen: der sei mit dem Anathema belegt.[7]

Der letztgenannte Aspekt einer Sühnetheologie ist bereits durch das Konzil von Florenz (1438-1445) im Dekret für die Armenier grundgelegt, das die Einheit der Gläubigen mit Christus als dem Haupt des Mystischen Leibes sowie die Einheit der Gläubigen als Glieder des Mystischen Leibes untereinander zu den wesentlichen Wirkungen der hl. Eucharistie zählt.[8] Wo also die Gegenwärtigsetzung des Kreuzesopfers nicht anerkannt und zugleich der Glaube auf den subjektiven Glaubensvollzug ohne Einheit mit dem gesamten Corpus Christi Mysticum beschränkt wird, dort ist sowohl eine theologische Grundlegung als auch eine praktische Verwirklichung des Sühnegedankens unmöglich. Sühnenden Charakter hat menschliches Leid nur in Einheit und als Teilhabe mit dem Leiden Christi innerhalb Seines Mystischen Leibes. Menschliche Sühne ist nicht Erlösungstat neben oder zusätzlich zum Leiden Christi („redemptio"), sondern Heilstat bzw. Aktualisierung des Heilsgeschehens („salvatio").

---

6 DH 1743 (Herv. G.W.).

7 DH 1753

8 DH 1322: „Und weil durch die Gnade der Mensch Christus einverleibt und seinen Gliedern geeint wird, folgt daraus, dass durch dieses Sakrament bei denen, die es würdig empfangen, die Gnade vermehrt wird." Es gibt zwei Arten der Vereinigung mit Christus durch die hl. Eucharistie: die im sakramentalen Genuss stattfindende vorübergehende sakramentale Vereinigung (unio sacramentalis), die mit der Auflösung der Gestalten aufhört, und die bleibende geistige Vereinigung (unio spiritualis) in der Liebe und in der Gnade gemäß dem Gleichnis vom Weinstock und den Rebzweigen. Vgl. dazu auch Ludwig Ott, *Grundriss der Dogmatik*. Bonn [11]2005, 538f. Die Einswerdung mit Christus dem Haupt und den Gliedern des Mystischen Leibes entspricht der bleibenden geistigen Vereinigung.

Dieser vom Heilsgeschehen und vom Glauben bestimmte Charakter der Sühne tritt bei Edith Stein in allen Stadien ihres Werdegangs deutlich hervor. Selbst in ihrem Frühwerk, vor ihrem Eintritt in die Katholische Kirche, hat ihr Sühnegedanke bereits eine religiöse Dimension, die im Bereich der natürlichen Gotteserkenntnis bzw. des moralischen Gottesbeweises verankert ist.

3. Der Sühnebegriff in Edith Steins Frühwerk: Natürliche Gotteserkenntnis und moralischer Gottesbeweis

Der Sühnegedanke findet sich in Edith Steins frühem philosophischen Werk erstmals in ihrer noch vor der Konversion verfassten Studie *Eine Untersuchung über den Staat*[9], worin sie sich mit dem juristischen Denken ihrer Zeit auseinandersetzt und die neu entstehende Wissenschaft der Soziologie mit Hilfe der phänomenologischen Methode reflektiert. Wesentlich für das Verständnis dieser Thematik ist vorerst die rechtsphilosophische Unterscheidung zwischen einer „absoluten" und einer „relativen" Straftheorie.[10] Allerdings unterscheidet Edith Stein zwischen Strafe und Sühne auf eine Weise, die der gesamten Fragestellung a priori auch ein religiöses Gepräge gibt.

Die **absolute** Straftheorie sieht die Strafe losgelöst von Nützlichkeitserwägungen und sozialen Zwecken. Strafe ist demzufolge vielmehr **Vergeltung und Sühne** zugleich und stellt die metaphysisch notwendige Wiederherstellung des Rechts und der Gerechtigkeit dar. Die **relative Straftheorie** hingegen zielt auf den **gesellschaftlichen Nutzen** der Strafe ab. Die heutigen westlichen Rechtssysteme vertreten weitgehend relative Straftheorien, wenn auch mit Bezügen auf eine absolute Straftheorie („gemischte Theorie"):

> Die Strafe ist ein gesetzliches Übel, das gegen eine physische Person, die schuldhaft eine strafbare Handlung begangen hat, angedroht und im Einzelfall verhängt wird. Worin die Rechtfertigung dieses gesetzlichen Übels liegt, war schon in der griechischen Philosophie (Pythagoräer, Protagoras, Aristoteles) umstritten. Nach den absoluten Straftheorien (Kant, Hegel) ist die Strafe Vergeltung oder Sühne. Nach den relativen (Zweck- oder Nützlichkeits)theorien (Beccaria, Feuerbach, vor allem Liszt) ist die Strafe eine Zweckmaßnahme zur Verbrechensverhinderung. [...]
> Nach den Vereinigungs- oder gemischten Theorien [...] ist die Strafe ih-

9 Diese Studie entstand zwischen 1920 und 1924 und wurde erstmals 1925 veröffentlicht. Die Konversion Edith Steins erfolgte im Jahr 1922.

10 Edith Stein selbst nimmt diese Unterscheidung nicht ausdrücklich vor. Doch nur vor diesem Hintergrund sind die folgenden Ausführungen verständlich.

> rem Wesen nach Sühne, doch dient sie vor allem general- und spezialpräventiven Zwecken.[11]

Die Position Edith Steins bewegt sich vorerst im Rahmen der absoluten Straftheorie mit ihrer Genugtuungsforderung, wonach

> ... jeder, der einem Gebot der legitimen Gewalt zuwiderhandelt, sich mit Schuld belastet und Strafe verdient, auch wenn das, was er getan hat, kein Delikt im Sinne des reinen Rechts ist.[12]

Im Unterschied zur profanen Rechtsordnung betrachtet Edith Stein aber auch das personale Moment der Schuld in seinen Ursache- und Wirkungsbeziehungen:

> Die Strafe als solche richtet sich gegen die Schuld, und was im Urheber der Schuld vor sich geht, ist ihr gleichgültig. Das bedarf nur insofern einer Einschränkung, als die Schuld nur dadurch getroffen werden kann, dass man ihren personalen Urheber (evtl. einen Stellvertreter) trifft, dass er die „Strafe erleidet". Aber welche weiteren seelischen Auswirkungen die Strafe hat, ob sie als „berechtigt" entgegengenommen und die Schuld bereut wird (was beides in einem gewissen Zusammenhang steht, aber nicht notwendig verbunden sein muss), das geht die Strafe nichts mehr an.[13]

Infolgedessen geht ihr daraus entwickelter Sühnebegriff a priori über den formaljuristischen Bereich hinaus, in welchem Sühne lediglich der „versöhnende Ausgleich für ein rechtswidriges Verhalten"[14] ist. Dieses Moment der Versöhnung, das wesentlich zur Sühne gehört, hat bei Edith Stein einen anderen Begriffsinhalt als im profanen Recht:

> Die **Sühne** ist ein **vollständig neuer Vorgang**, der sich mit dem Strafvorgang kombinieren kann, aber keine Differenzierung der Strafe bedeutet. Die Sühne vollzieht sich im Innern der Seele wie die Buße, ist aber von dieser noch zu unterscheiden. Die Buße richtet sich gegen den sündhaften Zustand der Seele, die Sühne gegen das ganz bestimmte, sozusagen scharf abgegrenzte und greifbare peccatum actuale wie die Strafe gegen die bestimmt zu fassende Schuld. **Die Sühne wird vollzogen, indem der Sünder ein ganz bestimmtes Leiden oder eine positive Leistung auf sich nimmt, wodurch die Sünde „aufgewogen" werden soll.** Die

---

11 Egmont Foregger/Eugen Serini, *Strafgesetzbuch.* Wien 1995, Einleitung: „Sinn und Aufgabe des Strafrechts", 4

12 Edith Stein, *Eine Untersuchung über den Staat* (abgekürzt: US). ESGA 7. Freiburg 2006, 114

13 Ebd. 115

14 Vgl. Gerhard Köbler, *Juristisches Wörterbuch.* München [14]2007, 405. Im Strafverfahrensrecht muss in bestimmten Fällen einer Privatklage ein Sühneversuch als Prozessvoraussetzung vorausgehen (§ 380 StPO).

Sühne kann evtl. material mit dem Strafleiden zusammenfallen: man sühnt, indem man die verhängte Strafe „auf sich nimmt". Aber gerade da tritt der Gegensatz ganz klar hervor. Dass die Strafe „verhängt" wird, das gehört notwendig zu ihr. Aber dass man „sie auf sich nimmt", keineswegs. Dieses Aufsichnehmen ist durchaus zu scheiden von dem „Vernehmen" der Strafe, ohne das ihr Sinn nicht voll zur Auswirkung kommt. Jenes bedeutet nur – wie schon gesagt –, dass der Schuldige leidet und das Leiden als Strafe für die Schuld auffasst. Und das ist möglich, auch wenn er sich ihr keineswegs unterwirft, sondern heftig dagegen protestiert. **Für die Strafe ist das Leiden nur ein Instrument und zwar das pure Faktum des Leidens, gleichgültig wie es erlebt wird. Sühne aber ist Leiden** [An Stelle des Leidens kommt, wie schon erwähnt, als Sühne noch eine positive Handlung und Leistung in Betracht, die dann in derselben Bußgesinnung vollbracht werden muss.], **und zwar eine bestimmte Art des Leidens, aus einer wesenhaft dafür vorausgesetzten seelischen Verfassung, der „Bußfertigkeit", heraus geboren und mit ebenso notwendig dazu gehörigen seelischen Wirkungen verbunden.**[15]

Ungeachtet der religiösen Dimension ihrer Darlegungen beschränkt aber Edith Stein in dieser Phase ihrer Entwicklung die Wirkungen der Sühne auf den seelisch-individuellen Bereich, auch wenn sie am metaphysischen Charakter der Strafe festhält:

Auch die Sünde wird durch die Sühne nicht schlechthin getilgt. Aber es wird ihr der „Stachel" genommen. Wie die **Strafe** das durch die Schuld gestörte **Gleichgewicht der Welt** wiederherstellt, so die **Sühne** das durch die Sünde gestörte **Gleichgewicht der Seele.** Doch setzt die Sühne voraus, dass die Sünde durch Reue und Buße bereits unwirksam gemacht ist, d.h. daran verhindert, sich fortzuzeugen, wie es die unbereute Schuld tut. Und dafür gibt es im Gebiet von Schuld und Strafe kein Analogon.[16]

Diese Aussage erfolgte zu einer Zeit, als die Phänomenologie Edmund Husserls als Bewusstseinsphilosophie im Denken Edith Steins noch vorherrschend war. Das menschliche Bewusstsein hat an dieser Stelle den Vorrang vor dem wirklichen Sein. Daher überwiegt der Gedanke an das Gleichgewicht der einzelnen Seele, also das Innenleben, gegenüber jenem der aktuellen Auswirkungen der Sühneleistung im Gemeinschaftsverband. Gleichzeitig zeichnet sich aber gerade durch den Schuld- und Sühnegedanken bei Edith Stein der Überschritt sowohl zur Außenwelt im klassischen Sinn als auch zu einer weiteren Konkretisierung der Gottesfrage ab. Im Gegensatz zu ihrem Lehrer Husserl hatte nämlich Edith Stein die Frage nach der Existenz Gottes niemals methodisch aus ihrem wissenschaftlichen Denken ausgeschlossen, aber in ihrer Dissertation *Zum Problem der Einfühlung* und ihren früheren

---

[15] US aaO, 115f. (Herv. G.W.)

[16] Ebd. 116 (Herv. G.W.)

Schriften noch keine näheren Aussagen über das Wesen Gottes gemacht. Die Gottesfrage war also ursprünglich bei Edith Stein „eingeklammert“, d.h. gewisse Phänomene wurden unabhängig vom Glauben an die wirkliche Existenz Gottes betrachtet:

> Man wird zugeben müssen, dass Gott sich über die Reue eines Sünders freut, ohne Herzklopfen oder andere „Organempfindungen“ zu verspüren. (Eine Betrachtung, die **unabhängig vom Glauben an die Existenz Gottes möglich ist.**)[17]

Im Zusammenhang mit dem Sühnebegriff, der zwar vorerst formaljuristisch bestimmt ist, aber bereits mit einer spezifischen religiösen Sinngebung konvergiert, nimmt das vorerst unbestimmte Gottesbild Edith Steins durch den Hinweis auf einen „personalen Urheber“ von Schuld und Strafe erstmals konkrete Züge an:

> Denn die Wahrung der Weltordnung, die im Abwägen von Schuld und Strafe, Verdienst und Lohn zum Ausdruck kommt, kann keiner endlichen Person aus eigenem Recht zustehen, sie ist Sache des Herrn der Welt.[18]

Diese Sicht von Schuld und Strafe impliziert als Ausgangspunkt die natürliche Gotteserkenntnis, die jedem Menschen, auch dem ungetauften, zugänglich ist und ihm die Unterscheidung von Gut und Böse ermöglicht.[19] Diese Erkenntnismöglichkeit hat allerdings verbindliche Folgen, die bereits über die Sphäre des individuellen Gewissens sowie der persönlichen Gottesbeziehung hinausreichen. Dementsprechend ändert für Edith Stein „der Hinweis der Strafe auf einen göttlichen Richter, dem ihr Vollzug zusteht, [...] nichts an ihrem Rechtscharakter und verschiebt sie nicht ins Gebiet des Ethischen“. Aus diesem Grund weist auch die Strafe „ihrem Sinne nach auf Gott als letzten Urheber zurück“, selbst wenn die letztlich religiöse Legitimierung der irdischen Rechtsprechung und Sanktionsgewalt nicht mehr gesehen wird.[20]

---

[17] Edith Stein, *Zum Problem der Einfühlung* (abgekürzt: PE). ESGA 5. Freiburg 2008, 67 (Herv. G.W.).

[18] US aaO, 117

[19] vgl. Röm 1,20: „Denn was an Ihm unsichtbar ist, wird am Schöpfungswerke der Welt in den erschaffenen Dingen geistig wahrgenommen; seine ewige Macht und Gottheit, so dass sie unentschuldbar sind“; Röm 2,14f: „Denn wenn die Heiden, welche das Gesetz nicht haben, von Natur aus das tun, was zum Gesetze gehört, [...], zeigen sie ja, dass das Werk des Gesetzes in ihren Herzen geschrieben ist, indem ihnen ihr Gewissen Zeugnis gibt“.

[20] Vgl. US aaO, 117f. Infolge dieser religiösen Legitimierung der Strafgewalt vertritt Edith Stein nicht einmal ansatzweise eine relative, rein zweckgebundene Straftheorie, auch nicht eine gemischte Theorie.

Die natürliche Gotteserkenntnis wird von Edith Stein an dieser Stelle jedoch noch nicht ausdrücklich erörtert. Aber ein konstanter Grundzug ihres Zugangs zur Gottesfrage zeichnet sich bereits hier ab, nämlich das Verwiesensein aller endlichen und daher begrenzten Dinge auf etwas Ewiges und Unwandelbares.[21] Im Sinne einer praktisch orientierten, juristischen Theodizee nähert sich Edith Stein durch die Frage von Schuld und Sühne auch an den moralischen Gottesbeweis Immanuel Kants an.[22] Die Vervollständigung ihres Sühnegedankens kann Edith Stein jedoch nur mit einer inhaltlich vollständigen „Erfüllung" ihres Gottesbildes vornehmen, die zugleich auch die gemeinschaftsbezogene Dimension der Sühne erschließt.

4. Von der individuellen zur gemeinschaftlichen Sicht der Sühne: die „Stellvertretung" in Freiheit und Liebe

Die gemeinschaftsorientierte Sicht der Sühne anhand einer Theologie der „Stellvertretung" setzt sich bei Edith Stein erst unmittelbar im Zusammenhang mit ihrer Konversion durch, die sie in der Studie *Natur, Freiheit und Gnade* erarbeitet.[23] Unabhängig von der genauen zeitlichen Zuordnung ist dieser erweiterte Aspekt der Sühne eindeutig vom Gottesbild der katholischen Kirche bestimmt, und zwar durch die Einbringung des Mittlergedankens. Denn die Bedingung für die Möglichkeit einer Stellvertretung vor Gott besteht für Stein darin,

---

21 Edith Stein bringt die natürliche Gotteserkenntnis in ihren späteren Werken ausführlich, aber mit anderen Akzentsetzungen zur Sprache.

22 Immanuel Kant (1724-1804) lehnte zwar alle philosophisch-logischen Beweise für das Dasein Gottes ab, ließ aber den moralischen Gottesbeweis stehen. Das philosophische Denken Edith Steins zeigte gerade in der früheren Phase manche Anlehnung an Kant. In der Frage Theodizee setzt Stein jedoch durch den moralischen Gottesbeweis im Kontext von Schuld und Sühne dort an, wo Kant bereits endet.

23 Die Studie *Natur, Freiheit und Gnade* wurde ursprünglich unter dem falschen Titel *Die ontische Struktur der Person und ihre erkenntnistheoretische Problematik* veröffentlicht in: Welt und Person. Beitrag zum christlichen Wahrheitsstreben. ESW (Edith-Stein-Werke) VI. Freiburg 1962, 137-197. Ursprünglich herrschte die Meinung vor, dieser Text sei erst später als Manuskript für Edith Steins Vorlesungen in Münster für das Wintersemester 1932/33 entstanden. Der neueren Forschung zufolge, die sich sowohl auf handschriftliches Material als auch auf Edith Steins Briefwechsel stützt, wurde dieser Text jedoch unmittelbar vor bzw. nach der Konversion verfasst. Vgl. dazu Claudia Mariéle Wulf, Rekonstruktion und Neudatierung einiger früher Werke Edith Steins. In: Beate Beckmann/Hanna-Barbara Gerl-Falkovitz (Hg.), Edith Stein. *Themen – Bezüge – Dokumente*. Würzburg 2003, 249-267, hier: 261-266. Da dieser Aufsatz zur Zeit der Abfassung dieses Artikels noch nicht innerhalb der Gesamtausgabe (ESGA 9) vorlag, wird im folgenden nach ESW VI zitiert.

dass die Gnade **nicht unmittelbar** an den Menschen herantritt, sondern den Durchgang durch endliche Personen wählt.[24]

Selbst wenn das Gottesbild in diesem Kontext nicht eigens thematisiert wird, so grenzt es sich deutlich vom Judentum ab, das aufgrund seiner Maxime der Gottunmittelbarkeit des Menschen jedwede Form von Vermittlung zwischen Gott und Schöpfung ablehnt.[25] Durch Betonung der „freien Mittlertätigkeit" vertritt Edith Stein an dieser Stelle eindeutig den katholischen Standpunkt. Erst auf der Grundlage dieses Mittlertums, das sowohl die menschliche als auch die göttliche Freiheit achtet, wird das Heil zu einer „gemeinsamen Angelegenheit aller Menschen" in „wechselseitige(r) Verantwortung":

> Jeder ist für sein eigenes Heil verantwortlich, sofern es durch Mitwirkung seiner Freiheit und nicht ohne sie erwirkt werden kann. Und jeder ist zugleich für das Heil aller anderen verantwortlich, sofern er die Möglichkeit hat, durch sein Gebet für jeden anderen die Gnade zu erflehen. [...] **Einer für alle und alle für einen macht die Kirche aus**.[26]

Diese horizontale Sphäre kirchlichen Lebens setzt jedoch infolge ihres endlichen Charakters die vertikale Verankerung in ihrem göttlichen Ursprung voraus:

> **Christus** ist [...] faktisch der einzelne **Stellvertreter aller vor Gott** und das **wahre Haupt der Gemeinde.**[27]

Die Wirksamkeit des einzelnen in Stellvertretung und Fürbitte gründet daher auf seiner Verankerung in Christus und ist von der Intensität der persönlichen Gottesbeziehung in Freiheit und Liebe bestimmt:

> Je mehr einer von der göttlichen Liebe erfüllt ist, desto mehr ist er geeignet, die für jede prinzipiell mögliche Stellvertretung praktisch zu leisten. Denn der freie Akt des Gebets ist echt und wirkungsfähig nur, soweit er auf Liebe gegründet ist, auf Liebe zu Gott, wenn es sich lediglich um den Verkehr der einzelnen Seele mit Gott handelt; im Falle der Fürbitte für einen anderen aber außerdem auf der Liebe zu diesem anderen, d.h. auf der Liebe des Nächsten zu Gott, mit der das Streben nach seinem Heil notwendig verbunden ist.[28]

---

24 ESW VI aaO, 160 (Herv. G.W.)

25 Vgl. dazu Ismar Elbogen: Unmittelbarkeit des Verhältnisses Gottes zum Menschen (Ablehnung der Vorstellung von einem Mittler oder Fürsprecher). In: Walter Homolka (Hg.), *Die Lehren des Judentums nach den Quellen.* Bd. 2. Darmstadt 1999, 276f.

26 ESW VI aaO, 161ff. (Herv. G.W.)

27 Ebd. 163 (Herv. G.W.)

28 Ebd. 163

Diese Stellvertretung hat jedoch nicht den Charakter eines „Geschäftemachens“ mit Gott, „weder für sich noch für einen andern“[29]. Genauso wenig kann sich jemand vor Gott „auf Verdienste berufen, die er sich erworben hat, weil er niemals wissen kann, ob er welche hat“[30]. An diesem Punkt ihrer Reflexion über die menschliche Sühneleistung überwindet Edith Stein den formaljuristischen Standpunkt und zeigt einen „anderen Weg (auf), der über alle diese hinausführt“, ohne sie freilich „aufzulösen“ (vgl. 1 Kor 13,1), nämlich das Vertrauen auf die Barmherzigkeit Gottes:[31]

> Hierbei ist nämlich nicht etwa der Heilige allein, der Zeichen und Wunder getan hat, berufen und ermächtigt, [...], Stellvertreter vor Gott zu sein. Auch der Ärmste und von der Sündenlast Niedergebeugte kann und darf vor den Herrn hintreten und für einen andern beten. Einmal, weil der Herr nicht nur **gerecht**, sondern auch **barmherzig** ist. Und dann, weil es ja kein Gott wohlgefälligeres Werk geben kann als ein gläubiges Gebet.[32]

In diesem Zugang zur Sühne vollendet sich ein Aspekt im Gottesbild Edith Steins, das sich schon in der Phase der reinen Gotteserlebnisse abzeichnete:

> Das Vertrauen, das uns einen Sinn unseres Lebens annehmen lässt, auch wo menschlicher Verstand ihn nicht zu enträtseln vermag, lehrt uns seine Weisheit kennen. Und die Zuversicht, dass dieser Sinn ein Heilssinn ist, dass alles, auch das Schwerste, letzten Endes doch unserem Heil dient, und ferner, dass dieses **höchste Wesen** sich unser noch **erbarmt**, wenn die Menschen uns aufgeben, dass es keine schlechthinnige Verworfenheit kennt, dies alles zeigt uns seine Allgüte.[33]

Diese als „Leerstelle“ vorhandene Barmherzigkeit Gottes findet ihre inhaltliche, auch formalrechtliche Erfüllung in einem religiösen Sühnegedanken, dem sie zugleich als Grundlage dient:

> Eben hier [d.i. in der Barmherzigkeit] liegt der Schlüssel zum Verständnis der Möglichkeit einer Stellvertretung in Schuld und Verdienst. Wenn man nur auf die rein rechtlichen Verhältnisse hinsieht, so bleibt man zunächst betroffen vor dem Faktum stehen, dass sie hier ein Anwendungsgebiet haben. Bedenkt man dagegen, dass jeder die Möglichkeit hat,

---

29 Ebd. 167

30 Ebd. 168

31 Der Vergleich, den Waltraud Herbstrith zwischen dem Sühnegedanken bei Edith Stein und der „Opferterminologie“ im 19. Jahrhundert sowie dem Pelagianismus zieht, ist somit nicht stichhaltig.

32 Ebd. (Herv. G.W.)

33 Edith Stein, *Einführung in die Philosophie* (abgekürzt: EPh). ESGA 8. Freiburg 2004, 172 (Herv. G.W.)

durch sein Gebet dem andern die Gnade zu erwirken, so erscheint er mitverantwortlich für jeden, der noch nicht im Stande der Gnade ist, und mitschuldig an jeder Schuld, die ein anderer auf sich ladet. Indem er sich zum stellvertretenden Leiden anbietet, sucht er nur gut zu machen, was er zuvor durch sein Versäumnis dem andern gegenüber verschuldet hat. Und der Herr erweist ihm eine Gnade, wenn er ihn zum stellvertretenden Leiden zulässt und ihm damit die Möglichkeit gibt, etwas gutzumachen. So füllen sich die formalen Rechtsverhältnisse mit einem tiefen religiösen Sinn.[34]

Diese phänomenologisch-theologische Fundierung des Sühnegedankens findet ihren Abschluss zu einem Zeitpunkt, als Edith Stein nach ihrem Eintritt in den Karmel die Wissenschaft des Kreuzes unter spirituellen Gesichtspunkten beleuchtet.

5. Die Vollendung der Sühne in der „Kreuzesliebe“[35]

Diese inhaltliche „Erfüllung“ des Sühnegedankens erfolgt durch die Zusammenschau von Kreuz und Sühne in einer Abhandlung über die „Kreuzesliebe“ des hl. Johannes vom Kreuz. Edith Stein setzt bei der Frage nach dem Motiv dieser Kreuzesliebe ihres Ordensvaters, seines Wunsches nach Leiden und Verachtetwerden an. Eine bloße Erinnerung an den Leidensweg des Herrn auf Erden, eine menschliche Nähe zu Christus durch Angleichung an sein Leben ist für sie angesichts der „hohen und strengen Geistigkeit des mystischen Lehrers“ kein adäquater Erklärungsgrund. Seine scheinbare Überbetonung des Leidens Christi gegenüber dem göttlichen Erlösersieg deutet sie vielmehr im Hinblick auf jene Gegensätzlichkeit, die das Leben und Erlösungswerk des Gottmenschen bestimmte:

> Und es wäre fast, als würde über dem Mann der Schmerzen der sieghaft thronende König, der göttliche Überwinder von Sünde, Tod und Hölle vergessen. Hat nicht Christus die Gefangenschaft gefangen [sic!] hinweggeführt? Hat Er uns nicht in ein Reich des Lichtes geführt und berufen, frohe Kinder des himmlischen Vaters zu sein?

---

34 ESW VI aaO, 168

35 „Kreuzesliebe“. Einige Gedanken zum Fest des hl. Vaters Johannes vom Kreuz. 24. November 1933. In: Edith Stein, *Geistliche Texte II.* (abgekürzt: GT II). ESGA 20. Freiburg 2007, 110-113. Sofern nichts anderes vermerkt, sind alle folgenden Zitate dieser Abhandlung entnommen.

In die gleiche Gegensätzlichkeit ist – per analogiam – auch das natürliche Leben der Menschheit hineingestellt, besonders aber ihre übernatürliche Bestimmung, die nur durch den Kampf an der Seite Christi mit der Waffe des Kreuzes erreicht werden kann:

> Der Anblick der Welt, in der wir leben, Not und Elend und der Abgrund menschlicher Bosheit, ist geeignet, den Jubel über den Sieg des Lichts immer wieder zu dämpfen. Noch ringt die Menschheit mit einer Schlammflut, und immer noch ist es eine kleine Herde, die sich daraus gerettet hat auf die höchsten Spitzen der Berge. Noch ist der Kampf zwischen Christus und dem Antichristen nicht ausgefochten. In diesem Kampf haben die Gefolgsleute Christi ihre Stelle. **Und ihre Hauptwaffe ist das Kreuz.**[36]

Das Kreuz, Last und Waffe zugleich, erhält seinen Stellenwert in Einheit mit dem Kreuzesleiden Christi, der vollständigen Genugtuungsleistung gegenüber der göttlichen Gerechtigkeit für die Verfehlungen aller Menschen ausgehend von der Erbschuld:

> Die Kreuzeslast, mit der sich Christus beladen hat, das ist die Entartung der Menschennatur mit ihrem ganzen Gefolge an Sünde und Leid, womit die gefallene Menschheit geschlagen ist. Diese Last aus der Welt hinauszutragen ist der Sinn des Kreuzwegs. Die Rückkehr der befreiten Menschheit ans Herz des himmlischen Vaters, die Annahme an Kindesstatt ist freies Geschenk der Gnade, der allerbarmenden Liebe. Aber sie darf nicht geschehen auf Kosten der göttlichen Heiligkeit und Gerechtigkeit. *Die ganze Summe menschlicher Verfehlungen vom ersten Fall bis zum Tag des Gerichts muss getilgt werden durch ein entsprechendes Maß an Sühneleistungen.* **Der Kreuzweg ist diese Sühne.**[37]

Im Leiden Christi fällt die Strafe mit der Sühneleistung zusammen, sofern nur der Gottmensch Jesus Christus allein der göttlichen Gerechtigkeitsforderung entsprechen und die Schuld aller Menschen tilgen konnte. Seine Sühneleistung ist die ein für allemal vollbrachte einmalige Erlösungstat („redemptio“). Menschliche Sühne hingegen setzt die Erlösung durch Christus voraus und ist nur in der Perspektive der Heilszuwendung („salvatio“) zu verstehen, kann aber prinzipiell allen zugute kommen, die ihrer bedürfen. Anhand einzelner Epochen der Heilsgeschichte bestimmt Edith Stein drei typologische Gruppen, die den Fall Christi unter dem Kreuz mitverursacht haben und daher auf die Sühne anderer angewiesen sind:

> Das dreimalige Zusammenbrechen unter der Kreuzeslast entspricht dem dreifachen Fall der Menschheit: dem ersten Sündenfall, der Verwerfung

[36] Herv. G.W.

[37] Herv. kursiv orig., Herv. Fettdruck G.W.

des Erlösers durch Sein auserwähltes Volk, dem Abfall derer, die den Christennamen tragen.

Diese Erwähnung des jüdischen Volkes entspringt jedoch nicht einem „vorkonziliaren Antijudaismus". Denn die Verwerfung Christi durch Sein ursprünglich auserwähltes Volk ist auch in der Konzilserklärung *Nostra Aetate* Nr. 4 festgehalten:

> Wie die Schrift bezeugt, hat Jerusalem die Zeit seiner Heimsuchung nicht erkannt, und ein großer Teil der Juden hat das Evangelium nicht angenommen, ja nicht wenige haben sich seiner Ausbreitung widersetzt.

Im letzten Absatz dieser Erklärung wird im Anschluss an die Tradition der Kirche auch die Notwendigkeit des Sühneleidens Christi für das Heil der Menschheit sowie die Gnadenvermittlung durch das Kreuz ausdrücklich in Erinnerung gerufen:

> Auch hat ja Christus, wie die Kirche immer gelehrt hat und lehrt, in Freiheit, um der Sünden aller Menschen willen, sein Leiden und seinen Tod aus unendlicher Liebe auf sich genommen, damit alle das Heil erlangen. So ist es Aufgabe der Predigt der Kirche, das Kreuz Christi als Zeichen der universalen Liebe Gottes und als Quelle aller Gnaden zu verkünden.[38]

Wie aus diesem Text hervorgeht, ist diese Unterscheidung in „vorkonziliar" und „nachkonziliar" nur ein künstliches ideologisches Konstrukt.[39] Das Sühneanerbieten Edith Steins „für den Unglauben des jüdischen Volkes" bewegt sich vielmehr im Rahmen der von der Kirche stets verkündeten Lehre von der alleinigen Heilsmittlerschaft Jesu Christi durch Sein Kreuzesleiden, die sich auf alle Menschen erstreckt. In der Perspektive der Heilszuwendung können auch alle daran mitwirken, je nach ihrer Zugehörigkeit zu den schicksalhaft gebundenen oder

---

[38] Zitiert nach: Karl Rahner/Herbert Vorgrimler: *Kleines Konzilskompendium.* Freiburg 1967, 358f. Dieser Absatz fehlt in DH 4198, ebenso der Hinweis auf die Ablehnung Christi durch die Juden.

[39] Durch diese Dichotomie entsteht der Eindruck, das II. Vatikanum habe in diesem Punkt einen Bruch mit der kirchlichen Tradition vollzogen. In Wirklichkeit ist *Nostra Aetate* genauso wie alle übrigen Konzilstexte stets im Einklang mit der gleichbleibenden Lehre der Kirche zu interpretieren. Vgl. dazu auch Walter Brandmüller, *Licht und Schatten.* Kirchengeschichte zwischen Glaube, Fakten und Legenden. Augsburg [2]2008, 187ff: „Schließlich zeigt auch das II. Vatikanum, wie sehr es sich selbst im Strome der Tradition stehend erkennt. [...] Diese Überlieferung stellt auch das Kriterium dar, dem eine jede neue Antwort standhalten muss, wenn sie wahr und gültig sein soll. Vor diesem Hintergrund erweist sich auch die so beliebte Unterscheidung von ‚vorkonziliar' und ‚nachkonziliar' als theologisch wie historisch höchst fragwürdig. Ein Konzil ist niemals Endpunkt oder Ausgangspunkt, nach denen die Kirchengeschichte oder gar die Heilsgeschichte eingeteilt werden könnte."

freiwilligen Kreuzträgern, die Edith Stein als Identifikationsfiguren aufstellt:

> *Der Heiland ist auf dem Kreuzweg nicht allein,* und es sind nicht nur Widersacher um Ihn, die Ihn bedrängen, sondern auch Menschen, die Ihm beistehen: als **Urbild** der Kreuzesnachfolger aller Zeiten die ***Gottesmutter;*** als Typus derer, die ein ihnen auferlegtes Leid hinnehmen und seinen Segen erfahren, indem sie es tragen, *Simon von Cyrene;* als Vertreterin der Liebenden, die es drängt, dem Herrn zu dienen, *Veronika*. Jeder, der in der Folge der Zeiten ein schweres Schicksal im Gedanken an den leidenden Heiland geduldig trug oder freiwillige Sühneleistungen auf sich nahm, hat damit etwas von der gewaltigen Schuldenlast der Menschheit getilgt und dem Herrn Seine Last tragen helfen.[40]

Die einzigartige Stellung der Gottesmutter gestattet allerdings keinen Vergleich mit den übrigen Kreuzträgern:

> Ihre Leidensfähigkeit entspricht der Würde der Gottesmutterschaft und der dazugehörigen, alle Geschöpfe überragenden Gnade. Weil Maria mit Gott verwandt und mit dem Herrn zu einer Lebenseinheit verbunden war, hatte sie am Leiden nicht nur Anteil durch Nachfolge, Bereitschaft, Sehnsucht, Mitfühlen, sondern musste wirklich mitleiden.[41]

So gesehen liefert Edith Stein einen zwar impliziten, aber stichhaltigen Ansatzpunkt für eine Miterlöserschaft Mariens:

> Durch ihre restlose Hingabe ist Maria wie kein anderes Geschöpf aufnahmefähig für die göttliche Liebe, hoch erhaben durch ihre Gnadenfülle und Vollkommenheit über alles Geschaffene. Ihr Herz ist weit geöffnet wie die Arme ihres Sohnes, der vom Kreuz alles an sich gezogen hat. Unter dem Kreuz hat sie das Erbe ihres Sohnes empfangen, als **Mutter der Erlösten** alle in ihr Herz aufgenommen.[42]

Die Gegenwart Mariens am Kreuzweg ist aber unbeschadet ihrer Einzigartigkeit nur Mithilfe am Erlösungsgeschehen. Der eigentliche Kreuzträger ist Christus als Haupt des Mystischen Leibes, der in seinen erlösten, d.h. ihm durch die Taufe einverleibten Gliedern das Erlösungswerk im Sinne des Heilswerkes vollendet:

> *Christus,* das Haupt, *leistet Sühne in diesen Gliedern Seines mystischen Leibes,* die sich Ihm mit Leib und Seele für Sein Erlösungswerk zur Ver-

---

40 Herv. kursiv orig., Herv. Fettdruck G.W.

41 „Marias Anteil am Leiden Christi". In. GT II aaO, 35f. Dieser Text, gedacht als Vortrag, entstand während der Exerzitien vom 22. Februar bis 4. März 1937.

42 „Ps 86: Maria die Wohnstätte Gottes". In: Ebd. 55f. (Herv. G.W.) Dieser Text entstand anlässlich der Vorbereitungsexerzitien Edith Steins auf ihre ewigen Gelübde vom 10. bis 21. April 1938.

> fügung stellen. [...] Und so bedeutet die Vorliebe für den Kreuzweg auch durchaus kein Absehen davon, dass der Karfreitag vorbei und das Erlösungswerk vollbracht ist. Nur Erlöste, nur Kinder der Gnade können ja Christi Kreuzträger sein. Nur aus der Vereinigung mit dem göttlichen Haupt bekommt menschliches Leiden sühnende Kraft.

Die Glieder des mystischen Leibes ergänzen also nach den Worten des Apostels Paulus, was am Leiden Christi noch mangelt (Kol 1,24). Das Verlangen nach Sühneleiden in Einheit mit dem Erlöserleiden Christi setzt daher nicht bei der natürlichen, sondern notwendigerweise bei der übernatürlichen Sicht auf Schöpfung und Menschheit an:

> Es ist also keine bloße pietätvolle Erinnerung an das Leiden des Herrn, wenn jemand nach Leiden verlangt. *Das freiwillige Sühneleiden ist das, was wahrhaft und wirklich am tiefsten mit dem Herrn verbindet.* Es entspringt einmal der bereits bestehenden Verbindung mit Christus. Denn der natürliche Mensch flieht vor dem Leiden. Nach Sühneleiden verlangen kann nur jemand, dessen Geistesauge geöffnet ist für die übernatürlichen Zusammenhänge des Weltgeschehens; das ist aber nur möglich bei Menschen, in denen der Geist Christi lebt, die als Glieder vom Haupt ihr Leben – seine Kraft, seinen Sinn und seine Richtung empfangen. Andererseits verbindet die Sühneleistung näher mit Christus, wie jede Gemeinschaft durch Zusammenwirken an einem Werk immer inniger wird und wie die Glieder eines Leibes in ihrem organischen Zusammenspiel immer stärker eins werden.

Diese übernatürliche Ausrichtung ist den Sühnewilligen aller Zeiten, die dem Herrn auf seinem Kreuzweg beistehen, gemeinsam. In Entsprechung zu den Sühnebedürftigen unterscheidet Edith Stein auch drei typologische Gruppen von Kreuzträgern:

> Wir dürfen annehmen, dass der Ausblick auf die Getreuen, die Ihm auf Seinem Leidensweg folgen würden, den Heiland in der Ölbergnacht gestärkt hat. Und die Kraft dieser Kreuzträger kommt Ihm nach jedem Fall zu Hilfe. Die Gerechten des Alten Bundes sind es, die Ihn das Stück Weges vom *ersten bis zum zweiten Fall* begleiten. Die Jünger und Jüngerinnen, die sich während Seines Erdenslebens um Ihn scharten, sind die Helfer auf der *zweiten* Wegstrecke. Die Kreuzesliebhaber, die Er erweckt hat und immer aufs neue erwecken wird in der wechselvollen Geschichte der streitenden Kirche, das sind Seine *Bundesgenossen in der Endzeit.* Dazu sind auch wir berufen.[43]

In die letzte Gruppe sieht sich Edith Stein durch ihre Berufung als Karmelitin gestellt. Die Sühneverpflichtung gehört für sie wesentlich zum

[43] Herv. orig.

Ordensleben, in dem sich die Kreuzesnachfolge des Neuen Bundes vollendet:

> Auch heute ist eine reparatio nötig. Die Sachverständigen, die uns über die Schäden Auskunft geben, sind Glauben und Liebe. Der lebendige Glaube bemerkt alle Angriffe auf die göttliche Wahrheit, die Liebe ist feinfühlig für alle Kränkungen, die der Güte Gottes widerfahren. Sühne leisten müssen wir zunächst für unsere eigenen Sünden und Fehler, dann für die der Menschen, für die wir durch natürliche Bande oder amtliche Stellung eine besondere Verantwortung [tragen], schließlich für alle, für die wir freiwillig eine Verantwortung übernahmen. Und so müssen wir Ordensleute für alle Sünder eintreten. Mittel sind die geistige Buße, die Beschneidung des Herzens, die die schwerere und wichtigere ist, und die körperliche, die nicht davon zu trennen ist und auch nicht zu entbehren. Der schönste Erfolg der sühnenden Genugtuung ist die Gewinnung der Gottesfeinde für den Herrn.[44]

Das Sühneanerbieten Edith Steins für das jüdische Volk muss daher vor dem Hintergrund ihrer Berufung zu einer ganz spezifischen Kreuzesnachfolge gesehen werden:

> Ich sprach mit dem Heiland und sagte ihm, ich wüsste, dass es Sein Kreuz sei, das jetzt auf das jüdische Volk gelegt würde. Die meisten verstünden es nicht; aber die es verstünden, die müssten es im Namen aller bereitwillig auf sich nehmen. Ich wollte das tun. Er solle mir nur zeigen, wie. [...] Aber worin das Kreuztragen bestehen sollte, das wusste ich noch nicht.[45]

Diesen Weg der sühnenden Kreuzesnachfolge ist Edith Stein durch ihren Märtyrertod in Auschwitz bis zum Ende gegangen.

Die Selbsthingabe ist die freieste Tat der Freiheit.
(Edith Stein. Auf einem Kalenderblatt aus dem Benno-Verlag)

---

44 „Sühne". In: GT II aaO, 36f.

45 LJF aaO, 348

AM PROFESSTAG (1935

Von der Bewußtseinsimmanenz zur Transzendenz Gottes:

Edith Stein als Opponentin des Modernismus[1]

Edith Stein in expliziter und impliziter Opposition zum Modernismus

Die Auseinandersetzung Edith Steins mit dem Modernismus läßt sich auf zwei Ebenen verfolgen. Ausdrückliche Bezugnahmen finden sich in der „theologischen Anthropologie" mit dem Titel *Was ist der Mensch?*, die ursprünglich als Vorlesung am „Deutschen Institut für Wissenschaftliche Pädagogik" Münster für das Sommersemester 1933 geplant war. Da jedoch Edith Stein infolge der Machtergreifung Hitlers jede weitere öffentliche Tätigkeit verwehrt war, bearbeitete sie auf Rat der Leitung des Kollegiums ihre ursprünglichen Konzepte in der Zurückgezogenheit, um diese später in Buchform zu veröffentlichen.
Die „theologische Anthropologie" verdankt sich dem Bemühen, „das *Bild des Menschen* herauszustellen, das in unserer *Glaubenslehre* enthalten ist"[2], und dadurch der Pädagogik ein transzendentes Fundament zu geben. Nachdem Edith Stein in ihrer Vorlesung im Wintersemester 1932/33 die Frage einer „philosophische(n) Anthropologie" erörtert hatte, erkannte sie die Notwendigkeit einer theologischen Ergänzung:

> Sie (d.i. die Ergänzungsbedürftigkeit) ergibt sich aber auch rein theoretisch aus dem *Verhältnis von Philosophie* (bzw. Wissenschaft überhaupt) *und Glauben,* wie es in unserer Kirche aufgefaßt wird. Danach hat der Glaube für die Wissenschaft die doppelte Bedeutung: einmal eines Maßstabes, an dem sie zu messen ist und der sie „von Irrtümern befreit und schützt"[3]; sodann einer Ergänzung, da die offenbarte Wahrheit die Ant-

[1] Erstveröffentlichung in: Reinhard Dörner, Hg.: „'Die Wahrheit wird euch freimachen' (Joh 8,32b) – Die Ewige Wahrheit – Stein des Anstoßes". Berichtband der Osterakademie Kevelaer 2009. ISBN 978-3-9812187-2-5. 207-224

[2] Edith Stein: Was ist der Mensch? Theologische Anthropologie (im folgenden abgekürzt: WIM). ESGA (Edith Stein Gesamtausgabe) 15, Freiburg 2005, 3 (Herv. orig.)

[3] Vgl. D 1799 („D" bedeutet: Denzinger, Heinrich – Bannwart, Clemens: Enchiridion symbolorum definitionum et declarationum de rebus fidei et morum. Herder 1928). Herv. Orig. - Alle Zitate in diesem Beitrag sind dieser Ausgabe entnommen, die auch von Edith Stein verwendet

> wort auf manche Fragen gibt, die für die natürliche Vernunft unlöslich (sic) sind.[4]

Dieses Projekt bezeichnet Edith Stein schließlich als „dogmatische Anthropologie“[5], da sie darin die wesentlichen Dogmen im Zusammenhang mit der Natur des Menschen und der Erbsündenlehre, der Christologie, der Gnaden- und Sakramentenlehre erläutert. Im nicht mehr vollendeten Schlußkapitel V/C „Die Wirkungen der Gnade im Menschen“ setzt sie sich schließlich mit diesem Verhältnis von Glaube und Vernunft auseinander, das notwendigerweise in einer „Auseinandersetzung mit den Modernisten“ endet. Denn diese doppelte Erkenntnisordnung von Vernunft und Glaube wird vom Modernismus nivelliert und folglich der übernatürliche Charakter der Offenbarung geleugnet. Wohl aus diesem Grund bezeichnet Edith Stein den Modernismus gegenüber den „positiven Bestimmungen des Glaubens“ als das, „was der Glaube *nicht* ist“[6]. Im Anschluß daran zitiert sie die wichtigsten Passagen aus der Enzyklika Papst Pius X. *Pascendi dominici gregis,* ohne sie allerdings mit Kommentaren zu versehen oder zu analysieren. Diese dennoch explizite Kritik Edith Steins am Modernismus ist die Frucht intensiver Reflexionen und weltanschaulicher Auseinandersetzungen, die sich bis in die Frühzeit ihres denkerischen Werdegangs zurückverfolgen lassen.
Bekanntlich gehörte Edith Stein zum engsten Schülerkreis des Begründers der modernen Phänomenologie, des Philosophen Edmund Husserl, der den Subjektivismus und Neukantianismus durch eine Wende „zu den Sachen selbst“ zu überwinden trachtete. Die Wesensschau der Dinge, die er mit Hilfe der phänomenologischen Methode anstrebte, unterscheidet sich jedoch wesentlich von der klassischen Ideenschau Platos, da sie nicht über die Sphäre der Bewußtseinsimmanenz hinausreicht. Daher bestehen zwischen der Phänomenologie Husserl'scher Prägung und dem Modernismus, der den katholischen Glauben letztlich auf den Bereich der Immanenz reduziert, auffällige Parallelen.
Der phänomenologischen Methode ihres Meisters Husserl im Sinne eines vorurteilsfreien Zugangs zu den Dingen und Freilegung des Wesentlichen bleibt Edith Stein zwar zeit ihres Lebens treu. Doch es zeichnet sich in ihrem Denken von Anfang an ein Weg ab, der sie von der Bewußtseinsimmanenz zur Erkenntnis und Anerkennung der Tran-

wurde.

4 WIM 3

5 Ebd.

6 Ebd. 173

szendenz Gottes führt. Dieser Weg soll im folgenden – ausgehend von einem Vergleich zwischen Modernismus und Phänomenologie – veranschaulicht werden.

Grundprinzipien des Modernismus: Agnostizismus und vitale Immanenz

Der Begriff des „Modernismus" ist äußerst heterogen und wird gerade in der heutigen Zeit mit verschiedenen Inhalten assoziiert. Dieser Terminus wurde von Papst Pius X. für eine bestimmte Geistesströmung geprägt, die sich an der Wende vom 19. zum 20. Jahrhundert ausbreitete:

> Das ist die moderne Einheitsschau der Wirklichkeit, in welcher Religion und Kultur, Natur und Übernatur, Wissenschaft und Glaube und schließlich auch Welt und Kirche in eins zusammenfallen und als Einheit in der Entwicklung (der Evolution) gesehen werden.[7]

Es ist ein großes Verdienst Papst Pius X., den Modernismus in seiner Enzyklika *Pascendi dominici gregis* vom 8. September 1907 in ein System gebracht zu haben – ein Bemühen, das von den Theologen nachfolgender Generationen nicht gewürdigt und sogar heftig kritisiert worden ist. So bezeichnet die neueste Ausgabe des *Lexikons für Theologie und Kirche* Pius X. als „frommen, aber rückwärtsgewandten Papst", in dessen Modernismusbegriff der ursprüngliche allgemeine Sinn von Neuerung einerseits und Evolutionismus sowie erkenntnistheoretischem Subjektivismus andererseits zusammengeflossen seien. Dies habe dazu geführt, daß man in der Folge in jedem Neuerer einen Subjektivisten und Häretiker sehe.[8]

Papst Pius X. war sich wohl bewußt, daß kein Modernist das von ihm aufgezeigte Gedankengebäude expressis verbis vertrat; doch er erkannte ganz klar den „schlauen Kunstgriff" der Modernisten, daß sie „ihre Lehren nicht in sachlich geordneter Reihenfolge und geschlossenem Zusammenhang vortragen, sondern gleichsam verstreut und aus dem Zusammenhang herausgerissen". Daher hielt er es für unumgänglich, „diese Lehren... zuerst in einer Gesamtüberschau darzustellen und das

---

[7] Leo Card. Scheffczyk: Der Glaube und Irrglaube im Drama der Geschichte mit Ausblick auf die Gegenwartssituation. In: Reinhard Dörner (Hg.), „'Habt Mut! Ich habe die Welt überwunden!' (Joh 16,33b) - Neuaufbrüche im Glauben." Berichtband der Osterakademie Kevelaer 2005. 104-117. Hier: 110

[8] Vgl. LThK [3]VII, 367-370 (Sonderausgabe 2006)

Band aufzuzeigen, wodurch sie miteinander zusammenhängen, um dann die Ursachen der Irrtümer zu untersuchen [...]"[9]. Die Notwendigkeit einer solchen Systematisierung ergibt sich für Pius X. aus der Tatsache, „daß jeder Modernist mehrere Rollen spielt und gleichsam in sich vermischt; nämlich die des Philosophen, des Gläubigen, des Theologen, Historikers, Kritikers, Apologeten und Neuerers"[10], die jede für sich unterschieden werden müssen. Für unseren Zusammenhang von Interesse ist vor allem die Rolle des Philosophen:

> Um nun mit dem Philosophen zu beginnen, so nehmen die Modernisten als Grundlage der Religionsphilosophie jene Lehre, die man gewöhnlich *Agnostizismus* nennt. Danach ist die menschliche Vernunft ganz und gar auf die *Phänomene* beschränkt, d.h. auf die erscheinenden Dinge und zwar in der Ansicht (species), wie sie erscheinen: Deren Grenzen zu überschreiten hat sie weder Recht noch Vermögen. Deshalb ist sie weder imstande, sich zu Gott zu erheben, noch seine Existenz irgendwie durch die sichtbaren Dinge zu erkennen. Daraus folgt, daß Gott *auf keine Weise unmittelbar Gegenstand der Wissenschaft sein kann;* was aber die Geschichte anlangt, so ist Gott keineswegs als historisches Subjekt anzusehen.[11]

Die Folge davon ist die Forderung, daß *„strenge Wissenschaft und ebenso die Geschichte gott-los sein müsse"*[12]; denn die Leugnung der Möglichkeit einer natürlichen und in der Folge auch übernatürlichen Gotteserkenntnis läßt eben nur Platz für Phänomene und führt in letzter Konsequenz zur Leugnung Gottes überhaupt, zum Atheismus.

Der Agnostizismus hat wiederum eine Beschränkung auf die Sphäre des Immanenten zur Folge, wie Pius X. weiter ausführt:

> Dieser Agnostizismus ist jedoch in der Lehre der Modernisten nur als der negative Teil anzusehen: der positive besteht in der *vitalen Immanenz,* wie sie sagen. Die *Religion,* sei sie natürlich oder übernatürlich, müsse wie jede beliebige Tatsache irgend eine Erklärung zulassen. Nachdem aber die natürliche Theologie zerstört und der Zugang zur Offenbarung wegen der Zurückweisung der Argumente für die Annahme des Glaubens abgeschnitten ist, wird eine Erklärung außerhalb des Menschen vergeblich gesucht. [...] Deshalb wird als Prinzip die *religiöse Immanenz* angenommen.[13]

---

9 D 2071; zitiert nach WIM 174

10 Ebd.

11 D 1806; zitiert nach WIM 174 (Herv. orig.)

12 D 2073; zitiert nach WIM 175

13 D 2074; zitiert nach WIM 175

Die Reduktion auf die Immanenz führt schließlich zur Grundlegung des Glaubens in Bedürfnissen und Trieben und folglich in der menschlichen Gefühlswelt:

> Das religiöse Gefühl also, das kraft der *vitalen Immanenz* aus den Schlupfwinkeln des Unterbewußtseins hervorbricht, ist der Keim für die gesamte Religion und ebenso der Grund für alles, was es in irgend einer Religion jemals gegeben hat oder geben wird.[14]

Pius X. stellt hier eine letztlich inhaltsleere Methode vor, die sich ausschließlich auf äußerlich erkennbare Phänomene beruft und unter Ausschaltung eines vernunftgemäßen und –begründeten Glaubensvollzugs in das Bewußtsein als konstitutivem Faktor der Religion mündet. Mit dem Terminus „Phänomene" in seiner konkreten Verwendung in der Enzyklika ist allerdings keine direkte Bezugnahme auf Husserls Phänomenologie verbunden. Wie jedoch im folgenden aufgezeigt wird, bestehen zwischen dem „Modernisten als Philosophen" und der Phänomenologie so auffällige Parallelen, daß letztere geradezu als Prototyp der modernistischen Philosophie angeführt werden kann.

Husserls Phänomenologie: Wissenschaft der immanenten Bewußtseinskonstitution

Der Begriff „Phänomene" in seiner ursprünglichen Bedeutung diente „zur Bezeichnung der Erscheinungen der Wirklichkeit, wie sie in Raum und Zeit, in ihrer Mannigfaltigkeit und Veränderlichkeit den Menschen gegeben sind"[15]. Diese sind jedoch nur der äußerlich wahrnehmbare Aspekt der eigentlichen und unveränderlichen Wirklichkeit, die in den dahinter stehenden Ideen begründet ist. Ein tiefer historischer Einschnitt in der Deutung des Bezugs von Bewußtsein und Wirklichkeit war durch die Philosophie Kants gegeben, die den Begriff der „Wirklichkeit" auf die Erscheinung der Gegenstände im wahrnehmenden Bewußtsein beschränkt. Über die daraus bestehende eigentliche Wirklichkeit könne nichts ausgesagt werden. Diese Lehre Kants von der Unerkennbarkeit der Dinge an sich wird daher auch dem Agnostizismus zugerechnet.

Diese Abgrenzung der Phänomene von der darüber hinausgehenden Wirklichkeit wird jedoch vom Begründer der modernen Phänomenolo-

[14] D 2077; zitiert nach WIM 177

[15] „Phänomenologie". In: Metzler Lexikon Philosophie. Hrsg. v. Peter Prechtl und Franz-Peter Burkard. Stuttgart [3]2008

gie, Edmund Husserl (1859-1938), nicht mehr vorgenommen. Seine Philosophie gründet auf der Annahme einer Korrelation von Bewußtsein und Wirklichkeit, so daß die Welt nur noch als Resultat von Bewußtseinsleistungen erscheint. Ziel der phänomenologischen Methode ist es daher, diese konstitutiven Leistungen des Bewußtseins aufzuzeigen. Daher klammert sie jede Vormeinung über den Erkenntnisgegenstand aus, auch die Frage nach der seiner realen Existenz und jener des erkennenden Ich, um die Dinge in ihrer Konstitution im Bewußtsein zur Anschauung zu bringen. In einem ersten Reduktionsschritt, der „eidetischen Reduktion", soll das eigentliche Phänomen, verstanden als das identisch konstante Wesen, in seiner Konstitution durch das Bewußtsein freigelegt werden.[16] Die zweite Reduktionsstufe, die „transzendentale Reduktion", sieht auch von der Bewußtseinsunabhängigkeit der Phänomene ab, weshalb die gegenständliche Welt nur noch als Produkt und zugleich Inhalt des menschlichen Bewußtseins erscheint.[17] Wie zwar Edith Stein später klarstellt, bedeutet diese idealistische Wende Husserls „keine Abhängigkeit der dinglichen Welt von einem bestimmten, individuellen Subjekt, sondern die Relativität einer so gearteten Welt auf Individuen von einer gewissen Struktur, durch deren intentionales Leben sie konstituiert werden kann"[18]. Doch diese Absolutsetzung der Relativität durch das transzendentale Ich versperrt den wissenschaftlichen Zugang zur Transzendenz Gottes. So ist es nur allzu verständlich, daß Husserl im Gefolge der „transzendentalen Reduktion" auch die Gottesfrage methodisch aus seinem neuen Forschungsfeld ausschließt, mit der Begründung, daß „dieses ein Feld des reinen Bewußtseins selbst sein soll"[19].

Der transzendentale Idealismus Husserls entspricht dem Prototyp jener modernistischen Philosophie, deren Grundlagen Pius X. gründlich aufgezeigt hat: Die Beschränkung auf Phänomene kann den Bereich der Immanenz nicht überschreiten und endet im Agnostizismus; der systematische Ausschluß der Gottesfrage aus der Wissenschaft führt zur

---

[16] Husserl selbst bezeichnet die eidetische Reduktion als Vorgang, der „vom psychologischen Phänomen zum reinen ‚Wesen' bzw. im urteilenden Denken von der tatsächlichen (‚empirischen') Allgemeinheit zur ‚Wesens'allgemeinheit überführt". Vgl. ders., Ideen zu einer reinen Phänomenologie und phänomenologischen Philosophie. Erstes Buch. Husserliana III/1. Hg. v. Karl Schumann. Den Haag [2]1976 (Erstausgabe Halle 1913), 6

[17] Husserl bezeichnet diesen Vorgang als Reinigung der „psychologischen Phänomene von dem, was ihnen Realität und damit Einordnung in die reale ‚Welt' verleiht". Vgl. ebd.

[18] Edith Stein: Potenz und Akt. Studien zu einer Philosophie des Seins (im folgenden abgekürzt: PA). ESGA 10, Freiburg 2005, 245

[19] Hua III1/1, 124f.

Leugnung Gottes überhaupt. Die These von der Konstitution der Welt durch das transzendentale Bewußtsein findet ihre Entsprechung in der modernistischen Konzeption vom Ursprung der katholischen Religion

> im Bewußtsein Christi, eines Mannes von erlesenster Natur, der niemals Seinesgleichen hatte noch haben wird, durch den Vorgang der vitalen Immanenz und auf keine andere Weise...[20].

Dieser Vergleich von Husserls Phänomenologie mit den Grundlagen des Modernismus macht nur allzu deutlich, wie unberechtigt der Vorwurf war, Papst Pius X. habe das Anliegen der Neuerung verkannt. In beiden Fällen kommt nämlich eine Denkweise zum Vorschein, die den Transzendenzbezug und letztlich den Glauben zerstört.
Aus dieser geschlossenen Welt der Phänomenologie führt der Weg Edith Steins zur Anerkennung der Transzendenz Gottes und zu den geoffenbarten Wahrheiten des katholischen Glaubens.

Edith Stein als Phänomenologin und Gottsucherin: Die Analyse religiösen Erlebens anhand der „Einfühlung“

Husserl verbindet mit der Phänomenologie keinesfalls den Anspruch, ein philosophisches „System“ aufzustellen oder gar in den Bereich der Metaphysik vorzustoßen. Auf eine diesbezügliche Anfrage eines Redemptoristenpaters (1941) stellt Edith Stein ausdrücklich fest, daß Husserl „nur eine *Methode* herausarbeiten“ wollte, „*die* philosophische Methode schlechthin“[21]. Folglich konnte die von ihm angestrebte „Wesensschau“ nur Aussagen über das Wie, nicht aber über die inhaltliche Beschaffenheit der Dinge treffen. Durch die transzendentale Reduktion war zudem die Bewußtseinsunabhängigkeit der äußeren Welt eingeklammert.
Diese Wende Husserls zum „transzendentalen Idealismus“ wurde von Edith Stein, wie sie in ihrer Autobiographie ausführlich darlegt, nicht mitvollzogen.[22] Die Husserl-Schülerin schlägt vielmehr eine Richtung ein, die sie zunehmend von ihrem Meister entfernt: sie setzt sich mit

---

[20] D 2077; zitiert nach WIM 178

[21] Edith Stein: Selbstbildnis in Briefen II (1933-1942). (Im folgenden abgekürzt: SBBII). ESGA 3, Freiburg 2006, Brief Nr. 695 von Edith Stein an den Redemptoristenpater Henri Boelaars, der in Rom mit einer Dissertation über Husserls Lehre der Intentionalität promovierte. (Herv. orig.)

[22] Edith Stein: Aus dem Leben einer jüdischen Familie. (Im folgenden abgekürzt: LJF). ESGA1, Freiburg 2002, 200f. – An dieser Stelle verweist Edith Stein auch darauf, daß sich der „transzendentale Idealismus“ Husserls nicht mit jenem der kantischen Schulen deckt.

dem Was-Gehalt (und nicht nur mit der Wie-Beschaffenheit) der Dingwelt und schließlich mit der Gottesfrage auch wissenschaftlich auseinander. Diese Abkehr zeichnet sich schon in ihrer Doktorarbeit *Zum Problem der Einfühlung* (1916) ab. Darin geht es vorläufig nur um eine Weiterentwicklung von Husserls Gedankengut: Dieser hatte zwar, wie Edith Stein im gleichen Brief feststellt, „in Vorlesungen u(nd) Gesprächen immer wieder betont, daß die Konstitution der Welt *intersubjektiv* zu verstehen sei“[23]. Edith Stein erweitert jedoch seinen Intersubjektivitätsbegriff um die anthropologische Dimension: Da das Ich seinen Leib von außen überhaupt nicht oder nur eingeschränkt wahrnehmen kann, muß es von einem anderen Ich als Körper wahrgenommen werden, das dadurch seinen eigenen Leib konstituieren kann. Der vollständige Aufbau des Ich geschieht daher durch einfühlende Erfassung der Akte, in denen sich dieses reflektierende Ich im Bewußtsein dieses fremden Individuums konstituiert. Von diesem notwendigerweise ergänzenden „Standpunkt“ des Betrachters aus blickt das Ich durch seinen „leiblichen Ausdruck“ auch auf das wahrgenommene Leben der Seele hin und kann sich auf diese Weise als Einheit erfahren. [24]

Die Einfühlung stellt für Edith Stein auch eine erste Brücke in den Bereich des Göttlichen dar, sofern sie eine Analyse religiöser Phänomene durch geistige Akte ermöglicht, auch wenn die leibliche Komponente wegfällt. Denn auch einem „leiblosen Subjekt“ – so Stein – könne die Fähigkeit zum Erleben von Freude, Trauer und ästhetischen Werten nicht abgesprochen werden.[25] Sie schließt – per analogiam – auf ähnliche Empfindungen bei Gott, der sich z.B. über die Reue eines Sünders freut, ohne Herzklopfen oder andere Empfindungen zu verspüren. Es handelt sich dabei allerdings um eine wissenschaftliche, vorurteilsfreie Analyse, die auch einem Nicht-Gläubigen zugänglich ist, zumal sie von der Existenz Gottes absieht bzw. den Glauben daran in der Einklammerung beläßt.[26] Edith Stein erläutert sogar die „Wesensmöglichkeit echter Erfahrung“ des Einwirkens der göttlichen Gnade, ungeachtet der Möglichkeit von Trugbildern, weshalb das „Studium des religiösen Bewußtseins“ gefordert sei. [27]

---

[23] SBBII, Nr. 695 (Herv. orig.)

[24] Edith Stein: Zum Problem der Einfühlung. (Im folgenden abgekürzt: PE). ESGA 5, 106f.

[25] Vgl. PE 66

[26] Vgl. PE 67: „Eine Betrachtung, die unabhängig vom Glauben an die Existenz Gottes möglich ist.“

[27] PE 136

Über den Bereich des Bewußtseins, der für sie das Korrelat des Geistes darstellt,[28] gelangt Edith Stein vorläufig nicht hinaus. Daher kann sie die Frage nach der bewußtseinsunabhängigen Existenz Gottes auch noch nicht stellen. Dennoch gewinnt diese Frage bereits vom Thema der „Einfühlung" an immer schärfere Konturen. Diese Thematik ermöglicht ihr nämlich – abgesehen von der Analyse religiösen Erlebens – auch den Bruch mit Husserls Monismus zugunsten eines differenzierteren anthropologischen Modells als Voraussetzung für ontologische Fragestellungen.

Das personale Ich als Voraussetzung ontologischer Fragestellungen

Eine weitere Entfremdung zu Husserl ist durch die Leiblichkeit als Ausdruck intersubjektiven Verstehens in der Dissertation Edith Steins vorgegeben. Aus Husserls Sicht kommt nämlich der Anthropologie innerhalb der Philosophie der Status einer minderwertigen Wissenschaft zu. Seine Auffassung läßt sich damit erklären, daß die Einbringung der leiblichen Dimension in die wissenschaftliche Methodik bereits einen Aufbruch seines auf Monismus basierenden Gedankengebäudes bedeutet, dessen Einheitsschau bekanntlich eine geistige Verwandtschaft mit dem Modernismus besitzt.
Der Intersubjektivitätsbegriff im Sinne Steins verlangt zunächst ein Modell, das den Zugang zu differenzierten anthropologischen Fragestellungen ermöglicht. In ihrem Nachfolgewerk *Einführung in die Philosophie*[29] nähert sie sich der Sichtweise der klassischen Metaphysik an, die den Menschen als Einheit von Leib, Seele und Geist begreift. Diese Wende im Denken Edith Steins hat zur Folge, dass die Erkenntnisinhalte nun nicht mehr als isolierte Bewußtseinsphänomene betrachtet werden, sondern in Abhängigkeit von einer erkennenden Instanz, nämlich der individuellen menschlichen Person. Dadurch werden aber auch terminologische Änderungen erforderlich: Edith Stein revidiert den Begriff „Seele" und ersetzt ihn durch den ursprünglich synonym verwendeten Terminus „Psyche", die eine „konkrete Einheit innerer Beschaffenheiten oder Eigenschaften" ist, eine auf den Leib hingeordnete, aber nicht mit dem Leib identische „Realität in der Welt", und die sich durch ihren bewußtseinstranszendenten Charakter vom Bewußt-

[28] Vgl. PE 108

[29] Dieses Werk wurde ursprünglich auf die Zeitspanne 1917-1932 datiert. Gewisse Zusätze legen aber nahe, daß es erst nach der Konversion fertiggestellt wurde.

seinsstrom abgrenzt.[30] Die Seele bezeichnet hingegen den „Kern der Person“ bzw. den Träger des „persönlichen Ich“[31], im Unterschied zum „reinen Ich“ Husserls, von dem „alles Bewußtseinsleben ausstrahlt“, einer qualitäts- und substanzlosen Größe.[32]
Das persönliche Ich wird durch seine Bindung an konkrete Inhalte auch zum Garanten der menschlichen Individualität und Personalität[33] überhaupt, deren Konzept durch den Intersubjektivitätsbegriff im Sinne Husserls noch nicht gewährleistet war. Auf diese Weise grenzt sich Edith Stein von Husserls transzendentaler Wende im Gefolge der phänomenologischen Reduktion ab, die einen radikalen Bruch zwischen dem Bewußtsein und der transzendenten im Sinne der bewußtseinsunabhängigen Welt bewirkt. Indem Edith Stein dem a-priori-Status der Dingwelt, der nur von einem personalen Ich erkannt werden kann, eine methodische Basis gibt, gelangt sie auf die Stufe der eidetischen Reduktion zurück.
Von dieser Position aus, nämlich dem wissenschaftlich fundierten Zugang zur Erkenntnis bewußtseinsunabhängiger Gegenstände, kann das phänomenologische Verfahren zu einem ontologischen ausgeweitet werden, wodurch ein „Seiendes in seinem Wesensaufbau“ begriffen wird.[34] Doch auf dieser Stufe ist für Edith Stein nur die Erkenntnis eines endlichen Seienden möglich. Denn in ihrer *Einführung in die Philosophie* gelangt sie über das Konzept des Geistes als Bewußtsein noch nicht hinaus. Die Erläuterung der Gottesfrage im ontologischen Sinn wird ihr erst durch die Auseinandersetzung mit Thomas von Aquin möglich.

Von Husserl zu Thomas von Aquin: Gotteserlebnis vs. ontologische Gotteserkenntnis

In der *Einführung in die Philosophie* zeigt Edith Stein eine Vorstufe zur Gottesbegegnung auf, die an der Grenze zwischen Gotteserlebnis

30 Edith Stein: Einführung in die Philosophie (im folgenden abgekürzt: EPh). ESGA 8, Freiburg 2004, 124
31 EPh 134
32 Vgl. Edith Stein: Aufbau der menschlichen Person (im folgenden abgekürzt: AMP). ESGA 14, Freiburg 2004, 85
33 Der Personbegriff gehört zu den zentralen Themen im Werk Edith Steins und hat mehrere inhaltliche Modifikationen erfahren. Darauf kann aber in diesem Kontext nicht eingegangen werden.
34 Vgl. AMP 159

und Gotteserkenntnis steht, nämlich das Geborgenheitserlebnis in Grenzsituationen:

> [...] vor uns scheint ein Abgrund zu gähnen [...]; aber indem wir zu stürzen meinen, fühlen wir uns „in Gottes Hand", die uns trägt und nicht fallen läßt. Und nicht nur seine *Existenz* wird uns in solchem Erleben offenbar, auch *was* er ist, sein Wesen, wird in seinen letzten Ausstrahlungen sichtbar: die Kraft, die uns stützt, wo alle Menschenkräfte versagen, die uns neues Leben schenkt, wenn wir innerlich erstorben zu sein meinen, [...] diese Kraft gehört einem allmächtigen Wesen.[35]

Gott ist jene Macht, die alle menschlichen Kräfte und Möglichkeiten übersteigt. Diese Sicht der Transzendenz Gottes läßt sich auch als erste Andeutung der analogia entis betrachten, die in Edith Steins Werk, in ihrer Reflexion des Aquinaten, eine zentrale Rolle spielen wird.[36] Nachdem sie die anthropologische Dimension eingebracht hat, ist diese „Anbahnung" der analogia entis der entscheidende Schritt in Richtung Gotteserkenntnis.

Um aber zu dieser Erkenntnis im ontologischen Sinn zu gelangen, muß Edith Stein die Phänomenologie als „immanente" Wesenswissenschaft durch ein philosophisches System ergänzen, das die Frage nach dem Was-Gehalt der Dinge und in der Folge nach der Transzendenz, dem „reinen Sein", und dessen „Existenzbekundung in der Immanenz" gestattet.[37] Denn Husserls Phänomenologie hatte der Gottesfrage in der immanenten Sphäre nur als Idee, nicht aber als Realität gelten lassen.

Nach ihrer Konversion (1922) setzt sich daher Edith Stein, wohl auch unter dem Einfluß der Neuscholastik, mit den Grundlagen des katholischen Glaubens auseinander und sieht sich schließlich vor die „innere Notwendigkeit" gestellt, „die verschiedenen Modi des Philosophierens, die durch diese beiden Namen [d.i. Husserl und Thomas] bezeichnet sind, in sich zum Austrag kommen zu lassen"[38]. In ihrer 1931 erstmals veröffentlichten Studie *Potenz und Akt* interpretiert sie die Philosophie des Aquinaten aus phänomenologischer Sicht. Zuvor nimmt sie jedoch in ihrem Aufsatz *Husserls Phänomenologie und die Philosophie des hl. Thomas von Aquino* (1929) eine Gegenüberstellung der beiden Standpunkte vor, in der die Grenzen der Phänomenologie deutlich zum Vorschein kommen.

Diese Abhandlung war ursprünglich als direkter Dialog zwischen beiden Denkern geplant. Beide streben nach der Wesenserkenntnis und

---

[35] EPh 171f.

[36] Ausdrücklich verweist Edith Stein auf die analogia entis erst in *Potenz und Akt*, 10

[37] Vgl. PA 16

[38] Ebd. 4

greifen auf die Vernunft als erste Erkenntnisquelle zurück. Diese wird jedoch von Thomas in eine natürliche und übernatürliche unterschieden, da er sich der Grenzen natürlichen Erkennens bewußt ist, sofern dieses nicht zur Fülle der Wahrheit durchstoßen kann. Gegen eine Philosophie, die sich auf die natürliche Vernunft beschränkt, wendet daher Thomas ein, daß dieser Ansatz - z.B. Kants - nur zur Autonomie der natürlichen Vernunft geführt habe. Der notwendige „archimedische Punkt" für die Philosophie liege daher außerhalb ihrer selbst, im Glauben, der damit „für die Philosophie eine doppelte Bedeutung gewinnt"[39]: Erstens sind der Philosophie manche Einsichten nur durch den Glauben gegeben; zweitens dient der Glaube als zuverlässiges Kriterium für die Wahrheit, aufgrund der ihm durch die Offenbarung inhärenten Gewißheit. Daher sei eine Unterscheidung von natürlicher und übernatürlicher Philosophie gefordert, die komplementär aufeinander bezogen sein müssen.

Da aber Husserl nicht über die Immanenz hinausgelangt, „trennen sich unsere Wege", wie der Aquinate sagt, bei „der Frage nach der ersten Wahrheit"[40]. Für Husserl ist jede Erkenntnis eine Wesenserkenntnis und demzufolge unmittelbar; seine phänomenologische Methode kann daher selbst bei den geschaffenen Dingen keine Unterscheidung von äußerer Form und Wesen treffen. Noch viel weniger kann sie daher einen adäquaten Zugang zur Frage der Gotteserkenntnis schaffen, da die unmittelbare Erkenntnis im Sinne totaler Unmittelbarkeit nur in Gott selbst und in abgestufter Form in der visio beatifica möglich ist. Die menschliche Gotteserkenntnis hingegen muß von der Sinnenwelt aus über die Abstraktion zur Unendlichkeit Gottes vorstoßen.

In diesem Dialog kommt deutlich das klassische Konzept der Abstufung des Seins zum Vorschein, die analogia entis, in der auch die verschiedenen Stufen, aber auch Wege der Gotteserkenntnis vorgezeichnet sind. Edith Stein zeigt drei Wege auf, die von der Immanenz her zu dieser „zweiten transzendenten Sphäre", zur Transzendenz Gottes führen: des mystischen Schauens, des Glaubens, des logischen Verfahrens.[41]

---

39 Edith Stein: Was ist Philosophie: Ein Gespräch zwischen Edmund Husserl und Thomas von Aquino. In: Erkenntnis und Glaube, Freiburg 1993,19-48. Hier: 26. – Ursprüngliche Veröffentlichung: Husserls Phänomenologie und die Philosophie des hl. Thomas von Aquino. Versuch einer Gegenüberstellung. In: Festschrift. Edmund Husserl zum 70. Geburtstag gewidmet. Ergänzungsband zum Bd. X. des Jahrbuchs für Philosophie und phänomenologische Forschung.

40 Ebd. 32

41 Vgl. PA 17

Der philosophische „Gottesbeweis“: „Geist“ als unendliches personales Sein

Um die Existenz Gottes durch philosophisches Schlußfolgern beweisen zu können, muß Edith Stein den Begriff des „Geistes“ – in Abhebung von Materie und Seele – noch deutlicher differenzieren. Dazu lieferte ihr erst die Rezeption des Aquinaten die nötigen metaphysischen Grundlagen.

Das „Wesen des Geistes“ behandelt sie in ihren Vorlesungen zur philosophischen Anthropologie, *Der Aufbau der menschlichen Person,* in dem sie ihr Konzept vom abgestuften Aufbau von Welt und Mensch vervollständigt. Im Zuge einer differenzierteren Begriffsbestimmung verwendet sie von drei lateinischen Wörtern, *mens, intellectus, spiritus*, in Anlehnung an die griechische Philosophie das letztgenannte als adäquaten Ausdruck für Geist als Gegensatz zum Stoff bzw. zum unbelebten Körper, mit den Merkmalen der Unfixiertheit, Unbeschwertheit, Beweglichkeit.[42] Diese Definition des Geistes läßt auch auf die Existenz Gottes als reiner Geist schließen, der nicht nur räumlich ungebunden, sondern unendlich ist. Die Unfixiertheit wird in Gott zur reinen Aktualität („actus purus“), in dem keine Potenzen wie im menschlichen Sein gegeben sind, die nur unter bestimmten Umständen in aktuelles Sein übergehen. In einer weiteren Schlußfolgerung verbindet Edith Stein göttliches Sein und Personsein bereits auf philosophischer Ebene: der reine Geist ist Personalität in höchster Form, mit ihren konstitutiven Merkmalen der Freiheit und der Bewußtheit. Denn das völlige Sichverströmen Gottes setzt völligen Selbstbesitz als Bewußtsein seiner selbst voraus, als „sich selbst erkennender Intellekt, sich selbst wollender Wille, [...] in dem einen Geistsein beschlossen“, in Freiheit und Unbeschwertheit.[43]

Das Sichverströmen ist auch die Grundlage der Schöpfertätigkeit Gottes, Mitteilung des eigenen Seins und zugleich „produktives Wollen“. Nur dieser „schöpferische *Geist*“ Gottes konnte im Schöpfungsakt den Gegensatz von Geist und Materie überwinden.[44] Der schöpferische Aspekt verleiht dem Gottesbild, das Edith Stein auf philosophischer Ebene konzipiert, neben den personalen auch bereits spezifisch biblisch-christliche Züge.

In der *Kreuzeswissenschaft* erläutert Edith Stein schließlich das Verhältnis Gottes zu den Geistwesen: „Gott ist reiner Geist und Urbild al-

---

[42] Vgl. AMP 100

[43] Vgl. ebd. 101f.

[44] Vgl. PA 77

les geistigen Seins", wovon der geschaffene Geist, Engel und Mensch, nur beschränktes Abbild sein kann. Als reiner Geist steht Gott an der Spitze im „Reich des Geistes und der Geister", das zwar alles Seiende umfaßt, in dem aber „die Geister, d.h. die personal-geistigen Wesen, eine hervorragende Rolle spielen"[45].
Um zu dieser Spitze aufsteigen zu können, muß der geschaffene Geist über sich selbst aufsteigen.[46] Der dadurch geforderte willentliche Entscheid unterscheidet die philosophischen Gottesbeweise von den eigentlichen Wegen der Gotteserkenntnis, dem natürlichen und dem übernatürlichen.

Die natürliche Gotteserkenntnis: äußerer und innerer Weg

Als natürliche Gotteserkenntnis bezeichnet Edith Stein eine „Gotteslehre, die durch den natürlichen Verstand aus der natürlichen Erfahrung gewonnen ist"[47] und die Offenbarung nicht als Erkenntnisquelle heranzieht. Diese „natürliche Theologie" gliedert sich in einen „äußeren" (thomasischen) und „inneren" (augustinischen) Weg.
Der äußere Weg besteht in der Erkenntnis der Existenz Gottes in der Natur, im Menschenleben und aus der Geschichte:

> Eben diese Welt ist es, die mit allem, was sie offenbart und was sie verbirgt, noch über sich selbst als Ganzes hinausweist auf Den, der sich durch sie „geheimnisvoll offenbart". *Diese* Welt mit den Verweisungen, die über sie selbst hinausführen, ist die Anschauungsgrundlage für die Beweisführungen der natürlichen Theologie.[48]

Voraussetzung für diesen natürlichen Zugang zu Gott ist für E. Stein der „religiöse Sinn", der dazu befähigt, „daß von sinnlicher Wahrnehmung auf geistige Zusammenhänge geschlossen werden kann"[49]. Der Verweischarakter der natürlichen Welt über sich selbst hinaus ist aber

---

[45] Vgl. Edith Stein: Kreuzeswissenschaft (im folgenden abgekürzt: KW). ESGA 18. Freiburg 2003, 127. – Dieses letzte Werk verfaßte Edith Stein im Karmel Echt vor ihrer Deportation nach Auschwitz.

[46] Vgl. ebd. 126f.

[47] Edith Stein: Wege der Gotteserkenntnis. Studie zu Dionysius Areopagita und Übersetzung seiner Werke (im folgenden abgekürzt: WGE). Freiburg 2003, 39. – Diese Studie verfaßte Edith Stein im Karmel Echt (1941), ehe sie die *Kreuzeswissenschaft* in Angriff nahm.

[48] Ebd. 40 f.

[49] Ebd. 4

auch Grundlage der symbolischen Theologie. Diese stützt sich zwar ebenfalls auf die Gottesoffenbarung in der Schöpfung, kann aber auch zu einer „geheimnisvollen Berührung mit der übernatürlichen Welt führen“[50], indem sie eine in der Offenbarung enthaltene sinnbildliche Andeutung in einem neuen Sinn erschließt[51].
Einen wesentlichen breiteren Raum als der „äußere“ nimmt jedoch in der Entwicklung Edith Steins der „innere“ Weg ein, den sie vor allem in ihrem philosophischen Hauptwerk *Endliches und ewiges Sein* und ansatzweise in *Potenz und Akt* erörtert. Dieser Weg geht vom inneren Bewußtsein aus, von der „Seinsgewißheit“ bzw. dem Innesein des eigenen Seins als jenem Moment, das aller Erkenntnis vorausgeht. Das Ich, die Grundlage dieser Gewißheit, ist zwar konstant, findet sich aber stets in einem anderen Sein vor, das in der Spannung zwischen „Nicht mehr“ und „Noch nicht“ steht und auf Aktualisierung im „Jetzt“ drängt. Daher ist es von der Zeitlichkeit nicht zu trennen und erweist sich nur als „Analogon des ewigen Seins“. In diesem „fließenden Charakter“ des endlichen Seins enthüllt sich daher die *„Idee des reinen Seins“* als Seinsfülle:

> So sind ewiges und zeitliches Sein, unwandelbares und wandelbares, und ebenso Nichtsein Ideen, auf die der Intellekt in sich selbst stößt, sie sind nicht von anders her entlehnt. Eine Philosophie aus natürlicher Erkenntnis hat hier ihren legitimen Ausgangspunkt. Auch die *analogia entis*, als Verhältnis des Zeitlichen zum ewigen Sein verstanden, wird an diesem Ausgangspunkt bereits sichtbar.[52]

Von der Idee des „reinen Seins“ schließt Edith Stein unmittelbar auf dessen Existenz:

> Daß man *denkend* zu dieser Schlußfolgerung kommen muß, daß in der schlichten Seinstatsache das Fundament für einen Gottesbeweis gegeben ist, möchte ich behaupten.[53]

Gleich darauf stößt sie jedoch an die Grenzen dieses Gottesbeweises, die den Glauben als ergänzende Erkenntnisquelle erfordern:

> Daß die Gewißheit von der Existenz des absoluten Seins in der schlichten Seinstatsache unmittelbar liege, ist damit noch nicht gesagt. Ich *habe* die-

---

50 Ebd. 4

51 Ebd. 70

52 So ist z.B. das Feuer Bild für Gott selbst; der Mischkrug ist Sinnbild der göttlichen Vorsehung; Speise und Trank sind Bilder für verschiedene Formen der Belehrung bzw. der göttlichen Weisheit, die dadurch gewonnen werden kann. – Vgl. ebd. 35

53 PA,17 (Herv. orig.)

> se Gewißheit in dem Augenblick wo ich *glaube:* Da greife ich nach dem absoluten Halt und fühle mich davon gehalten.[54]

Dieser „innere" Weg ermöglicht den Übergang in die Sphäre des Glaubens: Dieser verbürgt im Unterschied zum rein schlußfolgernden Denken eine Gewißheit, „wie sie keiner natürlichen Erkenntnis eigen ist"[55].

Der Weg des Glaubens: Gegenstand und Akt

Der Glaube unterscheidet sich von der natürlichen Vernunft wesentlich dadurch, daß er nicht durch unmittelbare Erfahrung und auf natürlichem Weg erlangt werden kann. Er ist daher unter dem Aspekt seiner Beschaffenheit als Akt eine „übernatürliche Tugend", letztlich „das Fundament, auf dem das Gebäude des übernatürlichen Lebens errichtet werden muß"[56]. Diesen Aspekt des Glaubens, nämlich als Tugend (fides qua creditur), reflektiert Edith Stein in ihrer theologischen Anthropologie, sowohl auf der Grundlage der Lehren des I. Vatikanums als auch in Fortführung von Thomas' Ausführungen über den Glauben in *De veritate.*

Die Thomas-Rezeption führt sie auch zu einer differenzierteren Sicht des Glaubensgegenstandes (fides quae creditur), auf den sich der Glaubensakt richtet: Dieser umfaßt „all das, was im Glauben für wahr gehalten" und als *„Inhalt der Offenbarung"* bezeichnet wird; es ist auf die Autorität Gottes zu glauben, da es in Gott keine Täuschung geben kann. Voraussetzung für den Glauben im Sinne des Glauben-Schenkens (credere Deo) ist daher für Edith Stein die Kenntnis Gottes durch die Selbstoffenbarung Gottes, die allen anderen Offenbarungen zugrunde liegt[57]:

> Wir können aber nicht Gott Glauben schenken, ohne *an Gott zu glauben* (credere Deum), d.h. zu glauben, daß Gott *ist* und Gott ist: das höchste und damit vollkommen wahrhaftige Wesen, das wir mit dem Namen „Gott" meinen.[58]

---

[54] Ebd. (Herv. orig.)

[55] Edith Stein: Endliches und ewiges Sein. Versuch eines Aufstiegs zum Sinn des Seins (im folgenden abgekürzt: EES). Freiburg 2006, 61

[56] D 1972; zitiert nach WIM 168

[57] Vgl. WIM 32

[58] EES 34f. (Herv. orig.)

Gotteserkenntnis und Annahme der Glaubenswahrheiten stehen jedoch in einem notwendigen Wechselverhältnis:

> Die Glaubenswahrheiten annehmen heißt darum Gott annehmen, denn Gott ist der eigentliche Gegenstand des Glaubens, von dem die Glaubenswahrheiten handeln.[59]

Die Inhaltsbezogenheit des Glaubens rechtfertigt daher auch die Dogmen als geoffenbartes Glaubensgut. Eine solche Sicht steht in diametralem Gegensatz zur modernistischen Auffassung über Ursprung und Natur der Dogmen, die Pius X. in seiner von Edith Stein zitierten Enzyklika kritisiert:

> Sie [d.i. die Modernisten] verlegen nämlich den Ursprung des Dogmas in jene einfachen Formeln, die in gewisser Hinsicht für den Glauben notwendig sind; denn die Offenbarung verlangt, um wirklich zu sein, eine greifbare Kenntnis Gottes im Bewußtsein.[60]

Der Offenbarungscharakter hebt die Dogmen aus dieser Sphäre der Bewußtseinsabhängigkeit heraus. Edith Stein bezeichnet diese daher auch als „Offenbarungswahrheiten", die „um des verheißenen Lohnes oder um der Wahrhaftigkeit Gottes willen" anzunehmen sind[61], als notwendige Wegweiser zum ewigen Leben: Wir richten uns nach diesen „Mitteilungen Gottes" in unseren Willensentschlüssen, weil wir Gott Glauben schenken.[62]
Gerade das Willensmoment hat im Glaubensvollzug den Vorrang gegenüber dem Verstand, da sich die geoffenbarten Wahrheiten „nicht durch einsichtige Vernunftmomente" überwältigend aufdrängen. Daher, so folgert Edith Stein,

> bedarf es eines stärkeren Willensanteils für die Annahme der offenbarten Wahrheit als für eine Erfahrungswahrheit oder eine der natürlichen Vernunft.[63]

Die Glaubenserkenntnis ist demzufolge abhängig von der Ausrichtung des Willens, sie ist zwar nicht vom Verstand abhängig, aber doch Erkenntnis. Edith Stein bezeichnet ihn daher in Abgrenzung vom schlußfolgernden Denken als „Kenntnisgewinnen" von einem „Nicht-Erschei-

---

59 Ebd. 35
60 D 2079; zitiert nach WIM 178
61 WIM 38
62 Vgl. ebd. 36
63 WIM 168

nenden", als „Beweismittel für etwas, was uns nicht vor Augen steht und zur festen Überzeugung davon"[64] (vgl. Hebr 11,1).
Das „Kenntnisgewinnen" der unsichtbaren übernatürlichen Welt durch den Glauben steht über der natürlichen Gotteserkenntnis, weshalb auch die dadurch vermittelte Glaubensgewißheit von keiner natürlichen Gewißheit erreicht werden kann.[65] Der Glaube ist jedoch gegenüber der reinen Verstandeserkenntnis „dunkles Licht", sofern er uns etwas zu verstehen gibt, aber nur, „um uns auf etwas hinzuweisen, was für uns unfaßlich bleibt": den „letzten Grund alles Seienden" in seiner Unergründlichkeit.[66] Daher ist er „Finsternis für den Verstand", wie Edith Stein unter Berufung auf ihren Ordensvater Johannes vom Kreuz argumentiert, zugleich aber ein Vorwärtsschreiten:

> Ein Hinausgehen über alle begriffliche faßbare Einzelerkenntnis hinein in das einfache Umfassen der Einen Wahrheit. Darum steht der Glaube der göttlichen Weisheit näher als alle philosophische und selbst theologische Wissenschaft.[67]

Der natürlichen Gotteserkenntnis gegenüber hat der Glaube bereits „Erfüllungscharakter", als „*Bekräftigung* dessen, was man schon wußte, durch eine höhere Autorität"[68]. Dennoch ist er nur mittelbare Erfahrung, andererseits aber notwendige Stufe auf dem Weg von der natürlichen Gotteserkenntnis zur übernatürlichen Gotteserfahrung, die sich in der mystischen Erfahrung vollendet.
Die verschiedenen Stufen der Gotteserkenntnis und Gotteserfahrung, von denen jeweils die folgende die vorangehende bestätigt und zugleich transzendiert, enthüllen sich im nachhinein als grundlegendes Schema im Denken und Werk Edith Steins. Gerade durch diese stufenweise Annäherung an die Gottesfrage erweist sich der Weg Edith Steins aus heutiger Sicht als Gegenbewegung zum modernistischen Einheitsdenken.

---

64 Ebd. 37
65 Vgl. ebd. 32
66 EES 32
67 Ebd. 35
68 WGE 48f.

Die „Symbolische Theologie“: „Stufen der Gotteserkenntnis“ nach der „Kirchlichen Hierarchie“ im Anschluß an Dionysius Areopagita und Edith Stein[1]

1. Die Dionysius-Studie in Edith Steins Gesamtwerk: Die Symbolische Theologie und ihre Perspektiven

Unter dem Namen „Dionysius“ war gegen Anfang des 6. Jahrhunderts eine Schriftensammlung aufgetaucht, deren Verfasser gezielt den Anschein erweckte, mit dem vom Apostel Paulus bekehrten Dionysius vom Areopag (vgl. Apg 17,34) identisch zu sein. Auf diese Weise verschaffte er sich in der Nachwelt ein quasi-apostolisches Ansehen, auch wenn er sich selbst nur als „Dionysius der Ältere“ bzw. „der Presbyter“ bezeichnete. Bis zur Renaissance wurde die Gleichsetzung dieses Autors mit dem aus der Hl. Schrift bekannten Dionysius nicht in Frage gestellt. Heute herrscht jedoch allgemein Einigkeit darüber, daß das „Corpus Dionysiacum“ keinesfalls älter sein kann als das 5. Jahrhundert, vor allem aufgrund des unverkennbaren Einflusses neuplatonischen Denkens. Bisher konnte aber der Autor keiner der bekannten historischen Persönlichkeiten eindeutig zugeordnet werden.[2]
Ungeachtet dieser ungeklärten Identitätsfrage zählt Edith Stein das Vermächtnis des Areopagiten zusammen mit dem griechischen Denken und der Lebensarbeit des hl. Augustinus zu den großen geistigen Strömungen, die das abendländische Denken des Mittelalters geformt und über das Werk des hl. Thomas spätere Zeiten beeinflußt haben.[3] Sie übersetzte – abgesehen von einzelnen Auslassungen – die Areopagitica, die zu ihrer Zeit hauptsächlich in Griechisch und in der lateinischen Übersetzung von Jacques-Paul Migne vorlagen, vollständig ins Deut-

---

1 Erstveröffentlichung in: Reinhard Dörner, Hg., „'Du bist Petrus' (Mt 16,18) – Der Papst – Hirte und Lehrer der Völker“. Berichtband der Osterakademie 2010. ISBN 798-3-9812187-4-9. 188-214

2 Vgl. LMA III, 1079.

3 Vgl. Edith Stein: Wege der Gotteserkenntnis. Studie zu Dionysius Areopagita und Übersetzung seiner Werke (im folgenden abgekürzt: WGE). ESGA (Edith Stein Gesamtausgabe) 17, Freiburg 2003, 22. - Alle folgenden Zitate aus den Werken des Dionysius Areopagita sind dieser Ausgabe entnommen.

sche.[4] Darüber hinaus verfaßte sie eine kurze, aber gebündelte Abhandlung, *Wege der Gotteserkenntnis. Die „Symbolische Theologie" des Areopagiten und ihre sachlichen Voraussetzungen* (1940-41).[5] Eine Originalschrift des Areopagiten unter diesem Titel ist zwar nicht erhalten, Hinweise darauf finden sich jedoch in dessen IX. Brief, der an den Bischof Titus gerichtet ist. Edith Stein erweiterte die von ihr rekonstruierten Ausführungen des Dionysius um eigene Reflexionen über die Zugangsweisen zur Gotteserkenntnis anhand der Symbolischen Theologie.

Die Studie Edith Steins über den Areopagiten nimmt eine Schlüsselrolle in deren Werk ein, als thematisches Bindeglied zwischen den religionsphilosophischen Schriften (bes. *Endliches und ewiges Sein*, 1934-36*)* und der mystischen Theologie in ihrem letzten Werk *Kreuzeswissenschaft* (1941-42). Die Symbolische Theologie steht am Kreuzungspunkt zwischen Philosophie und Theologie, geht aber über rein religionsphilosophische Fragestellungen hinaus. Im Anschluß an die unmittelbare, persönliche Gotteserfahrung der Mystiker soll mit Hilfe der symbolischen Redeweise die Gotteserkenntnis auch Nicht-Eingeweihten „am Fuß des Berges" vermittelt werden:

> Gott will durch die, zu denen Er auf dem Gipfel des Berges spricht, zu denen sprechen, die sie unten zurückgelassen haben. Darum läßt Er sich herab, zu ihnen, durch sie und auch ohne ihre Vermittlung in Menschenworten und in Menschen faßlichen Bildern zu sprechen. [...] Und Er spricht zu den andern als „symbolischer Theologie" – durch die Natur, durch ihre innere Erfahrung und durch seine Spuren in Menschenleben und Weltgeschehen – und macht es ihnen dadurch möglich, die Sprache der Theologen zu verstehen.[6]

Die Symbolische Theologie gründet auf der analogia entis im weiteren Sinn, auf dem Verweischarakter des Sichtbaren auf das Unsichtbare und der Widerspiegelung des Unsichtbaren im Sichtbaren.[7] Theologie ist hier ebenfalls im weiteren Sinn verstanden als „Sprechen von Gott",

---

4 Edith Stein brachte einige Korrekturen am Migne-Text an, der nicht wenige Flüchtigkeitsfehler des Übersetzers Balthasar Corderius SJ (1592-1650) enthält. – Vgl. Beate-Beckmann Zöller: WGE, Einführung, 5. - Zur Zeit Edith Steins gab es keine adäquate deutsche Übersetzung der Werke des Dionysius, auf die sie hätte zurückgreifen können. Es dürfte sich daher bei Edith Stein um die erste „vollständige Übertragung der pseudodionysischen Schriften seit 1823 handeln". – Vgl. Viki Ranff, Einführung zu Edith Steins Übersetzung der Schriften des Dionysius Areopagita, WGE 83f.

5 Erstveröffentlichung in: Tijdschrift voor Filosofie, 8, Jg. Nr. 1, Febr. 1946, 27-74

6 WGE 58

7 Vgl. ebd. 66

das ein „Sprechen Gottes", des „Ur-Theologen", als Voraussetzung hat:[8]

> Er (Gott) ist auch das eigentliche Ziel, auf das es der *Symbolischen Theologie* ankommt. Aber es gehen Wirkungen von Ihm aus und in die geschaffene Welt ein, die etwas von seinem Wesen an sich haben [...]. All diese „Ausstrahlungen" des göttlichen Wesens [...] ist so wenig mit Händen zu greifen und mit leiblichen Augen zu sehen wie Gott selbst. Darum muß es den Menschen, die in der Welt der natürlichen Erfahrung verhaftet sind, durch Bilder aus dieser ihnen bekannten Welt nahegebracht werden.[9]

Diese auf der Zeichentheorie im weiteren Sinn basierende Abhandlung Edith Steins wurde im Rahmen der einschlägigen Forschung als „Phänomenologie der Gotteserkenntnis und der Gottverbundenheit" interpretiert.[10] Die Zielsetzung der phänomenologischen Richtung, der sich Edith Stein durch diese Studie annäherte, besteht nicht so sehr in Freilegung von Wesensgesetzlichkeiten im Sinne des absoluten Bewußtseins Husserls als seinsstiftender Instanz; infolge ihrer hermeneutischen Ausrichtung geht es darin vor allem um „Begegnung" im Sinne der Religionsphänomenologie nach Gerardus van der Leeuw. Ungeachtet der methodischen Gemeinsamkeiten mit Husserl infolge Epoché[11] steht bei dieser phänomenologischen Richtung die Klärung und das Verständnis des Geschauten und sich Zeigenden im Vordergrund.[12] Auch wenn Edith Stein selbst keine systematische Reflexion ihres methodischen Vorgehens erstellt, so ist es durchaus legitim, die *Wege der Gotteserkenntnis* auch im Sinne dieser hermeneutischen Phänomenologie zu deuten. Denn schließlich war seit ihrer Dissertation *Zum Problem der Einfühlung* (1916) und damit zum Intersubjektivitätsproblem eine Prädisposition für religionsphänomenologische Fragestellungen gegeben.

---

[8] Ebd. 58

[9] Ebd. 36

[10] Vgl. Beate Beckmann-Zöller: Phänomenologie der Gotteserkenntnis und der Gottverbundenheit bei Edith Stein. In: Edith Stein Jahrbuch 2005 (Bd. 11). Hrsg. v. Internationalen Edith Stein Institut Würzburg. Würzburg 2005, 109-133. Hier: 112

[11] Die Epoché, die „jedes Urteil über räumlich-zeitliches Dasein völlig verschließt" (Hua III/1, 65), erfordert die „Einklammerung" oder „Ausschaltung" der realen Existenz des Ich, der erfassenden Akte und Gegenstände.

[12] Vgl. Gerardus van der Leeuw, Phänomenologie der Religion. Tübingen 1933, 652: „Die Religionsphänomenologie soll also zunächst Namen geben: Opfer, Gebet, Heiland, Mythus. Sie spricht damit die Erscheinungen an. Zweitens soll sie diese Erscheinungen in das eigene Leben einschalten, sie methodisch erleben. Drittens soll sie sich zur Seite hinstellen und in der *Epoché* zu schauen versuchen, was sich zeigt. Viertens versucht sie, das Geschaute zu klären, und fünftens [...] das sich Zeigende zu verstehen."

Darüber hinaus liefert Edith Stein in dieser Studie aber auch Ansatzpunkte einer ontologisch orientierten Religionsphänomenologie, die über die Religion sowohl als „spezifisches Bewußtseinserlebnis" im Sinne Husserls als auch über die „historischen Formationen"[13] nach van der Leeuw hinausführt. Ihre Hinwendung zum katholischen Glauben und ihre Auseinandersetzung mit dem Aquinaten brachte bei ihr zwangsläufig eine ontologische Prägung der Phänomenologie, die bei Husserl nur Methode war, mit sich.[14]
In diesem Sinne läßt sich die Frage stellen, ob sich das Schema des von ihr aufgezeigten stufenweisen Zugangs zur Gotteserkenntnis nicht auch im ontologischen Sinn auf die im folgenden näher zu erläuternden Hierarchien des Dionysius Areopagita übertragen läßt, ohne dadurch den phänomenologischen Bereich zugunsten der Theologie zu verlassen.[15] Es wird also untersucht, welche Stufen der zu vermittelnden Gotteserkenntnis welchen Stufen der Kirchlichen Hierarchie als deren Vermittler entsprechen, besonders im Rahmen der Lehrverkündigung der Kirche innerhalb der Liturgie.

---

13 Vgl. Bernhard Waldenfels: Einführung in die Phänomenologie. UTB. Paderborn 1992, 114

14 Diese ontologische Orientierung Edith Steins wurde von Phänomenologen, die eine Engführung Richtung Methodik und damit die Unvereinbarkeit von Phänomenologie und Offenbarungsglauben postulieren, sogar sehr kritisch gewertet: „Da nunmehr nicht nur die Nichteinsichtigkeit von Glaubenswissen, sondern auch die bewußte Orientierung an einer irrtumsfreien höchsten Autorität allem widerstreitet, was nach den phänomenologischen Grundnormen philosophische Erkenntnis ausmachen und diese nachgerade zur Befreiung des Denkens von derartigen Leitbildern und fremden Autoritäten führen soll, läßt nicht nur alle Vermittlungsversuche zwischen phänomenologischer und christlicher Philosophie im Bemühen Edith Steins scheitern; [...]". Vgl. Elisabeth Ströker: Die Phänomenologin Edith Stein – Schülerin, Mitstreiterin und Interpretin Edmund Husserls. In: Edith Stein Jahrbuch 2005 (1). Hrsg. im Auftrag des Teresianischen Karmel. Würzburg 1995, 15-35. Hier: 34

15 Trotz formaler Anleihen bei der Theologie blieb Edith Stein zeit ihres Lebens Phänomenologin im Sinne der phänomenologischen Methode, d.h. des vorurteilsfreien Zugangs zu den Dingen, um Wesensgesetzmäßigkeiten aufzuzeigen. – Zu diesem Fragenkomplex vgl. Beate Beckmann, Phänomenologie des religiösen Erlebnisses. Religionsphilosophische Überlegungen im Anschluß an Adolf Reinach und Edith Stein. Würzburg 2003. Beckmann hat in dieser ihrer Dissertation die durchgängige Zugehörigkeit Edith Steins zur Phänomenologie stichhaltig nachgewiesen.

2. Der christliche Neuplatoniker Dionysius Areopagita: Hierarchische Seins- und Erkenntnisordnung

Der Kernpunkt im Gedankengebäude des Dionysius Areopagita ist die Gottesidee, die unverkennbar vom Neuplatonismus beeinflußt ist. Gott ist darin der Übereine, der über allem Seienden steht:

> [...] die alle Einheit wirkende Einheit, das überwesentliche Wesen, der unverständliche Verstand, das unaussprechliche Wort, die Unsagbarkeit, Undenkbarkeit und Unnennbarkeit, *die nichts vom Seienden ist.*[16]

Gott ist aber zugleich „für alles die Ursache des Seins“[17]; aus Ihm gehen alle Dinge durch Schöpfung[18] hervor und kehren zu ihm zurück als der „ur-einheitlichen und einheitsschaffenden Gottheit“, zu der alles „als dem Ursprung, Zusammenhalt und Ziel hinstrebt“[19].
Dieser Grundgedanke der areopagitischen Schriften wurde von Albertus Magnus im Prolog seines Dionysius-Kommentars resümiert: „Ad locum, unde exeunt flumina, revertentur, ut iterum fluant (Eccles. 1,7).“[20] In diesem von ihr kommentierten Leitmotiv sieht Edith Stein in ihren „Vorbereitende(n) Erwägungen“ zur Symbolischen Theologie zunächst eine *Ordnung des Seins* angesprochen:

> Von Gott als dem Ersten geht alles Seiende aus und wendet sich zu Ihm wieder zurück. Das „iterum fluere“ nach der Vereinigung bedeutet keine

---

16 De div. nom. I, 1 (Herv. G.W.)

17 Ebd.

18 Durch die Hinwendung zur christlichen Schöpfungslehre unterscheidet sich Dionysius deutlich vom Emanationsgedanken des Neuplatonismus. Schöpfung ist allerdings nur auf der Grundlage des Trinitätsglaubens denkbar. Die triadische Wirklichkeits- und Gottesauffassung des Plotin und seines Schülers Proklos wurde daher von Dionysius im christlichen Sinne “umgetauft“. – Vgl. dazu auch Heinrich Beck: Triadische Engelordnungen: frühchristlicher und mittelalterlicher Ansatz. In: Theologie und Philosophie 67 (Heft 3, 1992). 321-355. Hier: 330. - Der Schöpfungsbegriff des Dionysius tendiert zwar zu Platos Ideenlehre und folglich zu einer eidetischen Wirkursache im Unterschied zum dynamischen Kausalitätsprinzip des Aristoteles. Sein Gottesbild trägt jedoch ausgeprägt volontaristische Züge, wodurch es sich von Platos Ideen im Sinne bloßer Gedanken unterscheidet: „Urbilder aber, sagen wir, sind die wesenhervorbringenden, in Gott geeint vorausbestehenden Seinsgründe, die die Theologie Vorausbestimmungen nennt, und göttliche, gute Willenstätigkeiten, die die Dinge abgrenzen und hervorbringen“ (De div. Nom. V, 8).

19 De div. nom. IV,4

20 „Zu dem Ort, von dem die Flüsse ausgehen, kehren sie zurück, um wiederum auszufließen“. Albertus Magnus, Opera omnia Bd. XIV, S. 1, Ausgabe Borgnet, Paris 1892. – Zitiert nach: Edith Stein: Endliches und ewiges Sein. Versuch eines Aufstiegs zum Sinn des Seins (im folgenden abgekürzt: EES). ESGA 11/12, Freiburg 2006, 327

> Trennung, sondern ein Sichherabneigen zu dem Tieferstehenden, um es auch emporzuführen.[21]

Daraus leitet sie auch ein weiteres Grundgesetz des dionysischen Weltbildes ab:

> Die Stufenordnung, die er *Hierarchie* nennt. Er selbst hat sie bestimmt als die „gesamte Ordnung der vorhandenen heiligen Dinge". Ihre Aufgabe ist, alles Geschaffene zum Schöpfer zurückzuführen.[22]

Dieses Gesetz des Ausgehens und Zurückkehrens bedingt nicht nur eine Ordnung des Seins, sondern auch eine *Ordnung des Erkennens* auf der Grundlage einer abgestuften Erleuchtung:

> Aus dem unzugänglichen Licht, das durch seinen überhellen Glanz den Ur-Seienden für die Geschöpfe verhüllt, trifft ein Strahl, der ihnen faßbar ist, die ersten, Ihm zunächststehenden Wesen, die höchsten reinen Geister, erleuchtet sie und wird, vielfach gebrochen, weitergegeben zu den tieferstehenden Ordnungen bis hinab zu den niedersten Geschöpfen, die noch der Erleuchtung fähig sind. In gewissem Sinn ist das alles Seiende.[23]

Dieser Strukturierung bzw. Abstufung: Gott – Engel – Kirchliche Hierarchie folgen auch die Schriften des Dionysius:[24]

- *De divinis nominibus* (Von den göttlichen Namen) erläutert die durch philosophische Reflexion und Offenbarung überlieferten Namen und Wesenheiten Gottes, allerdings im Hinblick darauf, daß alle positiven Aussagen über Gott (via positiva) stets der Ergänzung und Korrektur durch die negative Theologie (via negativa) bedürfen. Gott ist aber letztlich durch keine der beiden trotz scheinbarer Gegensätze letztlich komplementären Aussageweisen voll begreifbar, da Er infolge seiner einfachen Wesenheit jenseits alles vielheitlich Seienden ist.
- *De mystica theologia* (Mystische Theologie) beschreibt die absolute Transzendenz und Unerkennbarkeit Gottes, an die sich der Mensch nur unter Ausschaltung aller Erkenntnishilfen, in der wort- und bildlosen Dunkelheit durch „Nicht-Sehen und Nicht-Erkennen" annähern kann.[25]

---

21 WGE 25

22 Ebd.

23 Ebd. 25f. – Vgl. dazu auch EES 327: „Alles, was ist, das hat die göttliche Güte erschaffen, um ihm Anteil am göttlichen Sein zu geben. Das geschieht durch einen Strahl der Erleuchtung, der von Gott ausgeht und die ganze Schöpfung durchdringt, um sie zu Got hinzuwenden und mit ihm zu vereinen; aber es vollzieht sich stufenweise".

24 Die Reihenfolge der Dionysius-Übersetzungen Edith Steins (in WGE) orientiert sich allerdings nicht an dieser Strukturierung.

- *De caelesti hierarchia* (Himmlische Hierarchie) behandelt die in drei Hierarchien abgestufte Welt der reinen Geistwesen.
- *De ecclesiastica hierarchia* (Kirchliche Hierarchie): In enger Anlehnung an die vorhergehende Schrift werden hier die himmlischen Strukturen auf den Bereich der sichtbaren hierarchischen Ordnung übertragen.

Darüber hinaus sind von Dionysius noch zehn *Briefe* erhalten, in denen die in den vorangehenden Schriften erörterten Themen im Hinblick auf die Möglichkeiten der Gotteserkenntnis vertieft werden.

An diese abgestuften Möglichkeiten der Gotteserkenntnis bei Dionysius auf der Basis einer hierarchischen Seinsordnung knüpft Edith Stein in ihren Ausführungen an. Der Entsprechung von Sein und Erkennen sind allerdings gewisse Grenzen gesetzt. Die vernunft- und selbst die leblosen Geschöpfe können zwar als „*Werkzeuge* und *Sinnbilder* geistigen und göttlichen Seins und Wirkens“ dienen, weshalb sie in die hierarchische Seins- und Erkenntnisordnung hineingehören und auch in den Schriften des Dionysius zur Sprache kommen.[26] Die aktive Erkenntnismöglichkeit und folglich die bewußte Mitwirkung am Heilsplan Gottes ist allerdings den mit freiem Willen ausgestatteten Geschöpfen vorbehalten:

Träger des hierarchischen Wirkens aber, Sendboten Gottes, um himmlisches Licht durch die Schöpfung zu tragen, sind nur die himmlischen Geister und die geweihten Stände der Kirche.[27]

Diese zur hierarchischen Ordnung gehörenden Geschöpfe haben den Vorzug, „*Mitarbeiter Gottes* zu sein und sein Wirken in sich hervorleuchten zu lassen“. Ihr Wirken und in der Folge der Rückführungsprozeß zu Gott vollzieht sich ebenfalls nach einer dreifachen hierarchischen Ordnung: „daß einige *reinigen,* andere gereinigt werden, einige *erleuchten,* andere erleuchtet werden, einige *vollenden,* andere vollendet werden“. Diese hierarchischen Aufgaben betreffen in erster Linie die reinen Geister, die durch ihren „Anteil an der göttlichen Führerstellung“ alle übrigen Geschöpfe übertreffen.[28]

Im engeren Sinn betrifft die Entsprechung von Seins- und Erkenntnisordnung allerdings nur die kirchlichen Hierarchien, da bei den reinen

---

25 De myst. theol. I, 2. – Das Werk des Dionysius, besonders aber diese Schrift wurde von den Mystikern des Mittelalters positiv aufgenommen und gewürdigt. Über Meister Eckhart, der sich direkt auf ihn beruft, ist Dionysuis u.a. auch bei Johannes Tauler und Heinrich Seuse präsent. Auch Nikolaus von Kues war von seinem Gedankengut beeinflußt. – Vgl. LMA III, 1085f.

26 WGE 26 (Herv. orig.)

27 Ebd. Herv. orig.

28 EES 329 (Herv. orig.)

Geistern ein abgestufter Zugang zur Gotteserkenntnis weder möglich noch nötig ist. Denn ihre Gotteserkenntnis

> vollzieht sich weder durch sinnliche noch durch geistige Bilder noch auch durch ein Emporsteigen, [...], sondern sie sind in einer einfachen, umfassenden Erkenntnis von einem höheren Licht erfüllt.[29]

Nur die menschliche Seele bedarf der Rückkehr zu Gott durch Aszese und Mystik.

Reinigung, Erleuchtung und Vollendung werden auf diese Weise zu „ontologischen Faktoren" auf dem Weg der Seinsrückentwicklung nach oben.[30] Dieser dreifache Weg ist aber auch den einzelnen Ständen der Hierarchie in spezifischer Weise zugeordnet.

Im folgenden soll nun, ausgehend von Dionysius' Ausführungen zur *Symbolischen Theologie,* untersucht werden, wieweit sich eine Korrelation zwischen der Kirchlichen Hierarchie, deren Aufgaben und den Stufen der zu vermittelnden Gotteserkenntnis im Anschluß an Edith Stein herstellen läßt. Die verschiedenen Stufen des Gotterkennens werden dabei zwar als dynamische, aber dennoch ontologische Faktoren verstanden.

3. Die Symbolische Theologie bei Edith Stein im Anschluß an Dionysius Areopagita

3.1. Standort und Aufgabe der Symbolischen Theologie bei Dionysius

Den Standort der Symbolischen Theologie bestimmt Dionysius in den *Theologischen Grundlinien,*[31] auf die er in der *Mystischen Theologie* (III) verweist. Sie ist die „unterste Stufe der positiven Theologie", die jene geschaffenen Dinge als Ausgangspunkt bzw. als tertium comparationis heranzieht, die Gott näher verwandt sind („Denn Er ist in höherem Maß Leben und Güte als Luft oder Stein").[32] Demnach holt die symbolische Redeweise als Grundlage der Symbolischen Theologie ihre Ausdrücke aus dem Gebiet der äußeren und der inneren Erfahrung

---

29 Ebd.

30 Johannes Hirschberger, Geschichte der Philosophie. Bd. I. Freiburg [14]1991, 393

31 Eine Schrift des Dionysius unter diesem Titel ist nicht erhalten.

32 WGE 28

sowie aus dem, was allgemein „Lebenserfahrung“ genannt wird, allerdings um damit etwas zu bezeichnen, was uns nicht aus der alltäglichen Erfahrung vertraut ist.[33] Die Symbolische Theologie besteht demzufolge in der Übertragung von sinnenfälligen Dingen auf das Göttliche,[34] d.h. auf Gott selbst und alles, was zu seinem Wesen gehört, ferner auf Engel und Menschen sowie besonders die Stände der Kirche. Dionysius zählt eine Reihe solcher Übertragungen auf:

> Was die göttlichen Formen und göttlichen Gestalten sind, die Teile, die Werkzeuge, die göttlichen Orte, der Schmuck, die Gemütsbewegungen, Trauer und Zorn, Trunkenheit und Rausch, Eide, Flüche, Schlaf und Erwachen und andere heilige Bildungen sinnbildlicher Gottesdarstellung.[35]

In seinem Brief an Titus führt Dionysius weitere Beispiele an: Feuer ist Bild für Gott selbst, für das Wort Gottes, für die Engel (II).[36] Der Mischkrug ist Sinnbild der allumfassenden göttlichen Vorsehung, die gleichzeitig in sich verharrt und zu allem ausgeht (III).[37] Speise und Trank stehen für verschiedene Weisen des Anteils an der göttlichen Lehre und Weisheit (IV).[38] Die Trunkenheit Gottes und das göttliche Mahl bezeichnen das fließende Übermaß alles Guten, die Überfülle und das Überragen Gottes (V).[39] Der Schlaf Gottes bedeutet jene Seite seines Wesens, die an die Geschöpfe nicht mitteilbar ist, sein Erwachen die Aufmerksamkeit, womit er Seine Vorsehung denen zuwendet, die der Erziehung und Erlösung bedürfen (VI).

Diese Bildsprache der Heiligen Schrift grenzt Dionysius einerseits von der Einfachheit der Göttlichen Namen und der Mystischen Theologie ab:

---

33 Vgl. ebd. 35

34 De div. nom. III.

35 Ebd.

36 Die römischen Ziffern in Klammern bezeichnen das jeweilige Kapitel in seinem Brief an Titus, dem auch die zu den einzelnen Bildern zitierten Bibelstellen entnommen sind. – Vgl. zu diesen Beispielen auch Stein, WGE, 31-35. – Vgl. zum Feuer Dtn 4,24: „Denn der Herr, dein Gott, ist ein verzehrendes Feuer, ein eifersüchtiger Gott!“

37 Vgl. Spr 9, 1f.: „Die Weisheit hat ihr Haus gebaut, hat ihre sieben Säulen aufgestellt, ihr Vieh geschlachtet, ihren Wein gemischt, auch hat sie ihre Tafel schon gedeckt.“

38 Vgl. Hebr 5,12-14: „... und ihr wurdet zu solchen, die Milch brauchen und nicht feste Speise. Ist doch ein jeder, der noch Milch bekommt, unerfahren zu rechter Rede; er ist ja ein Kind. Erwachsenen aber steht feste Nahrung zu, da sie durch steten Gebrauch geübte Sinne haben zur Unterscheidung von Gutem und Schlechtem.“

39 Vgl. Lk 12,37: „Selig jene Knechte, die der Herr bei seinem Kommen wachend antrifft. Wahrlich, ich sage euch: Er wird sich gürten und sie Platz nehmen lassen und herumgehen und sie bedienen.“

> Beim Abstieg vom Höchsten zum Niedersten breitete sich die Rede nach dem Maß des Abstiegs zu einer entsprechenden Weite aus.[40]

Die von der Sinnenwelt ausgehende Betrachtung, die niederste, erfordert nicht – wie rein geistige Gegenstände – die Anspannung des geistigen Schauens und gestattet daher auch eine größere Fülle an Worten.[41] Andererseits grenzt Dionysius die Symbolische Theologie auch vom philosophisch-schlußfolgernden Denken ab:

> Man muß übrigens auch dies bedenken, daß die Überlieferung der Theologen eine doppelte ist: die eine unaussprechlich und verhüllt (= mystisch), die andere offenkundig und leichter faßlich; die eine **symbolisch** und die **Geheimnisse betreffend**, die andere **philosophisch beweisend,** und das Sagbare ist mit dem Unsagbaren verflochten. Und die eine überzeugt und legt die Wahrheit des Gesagten fest, die andere handelt und befestigt in Gott durch unlehrbare Einführung in die Geheimnisse.[42]

Dadurch wird auch der Sinn dieser Zeichen offenbar, die „nicht um ihrer selbst willen gebildet" sind: Sie sind vielmehr hingestellt

> für eine unaussprechliche und für die Menge **unsichtbare Erkenntnis,** damit das Hochheilige den Ungeweihten nicht leicht zur Hand sei, sondern nur den wahren Liebhabern der Heiligkeit enthüllt werde, die [...] fähig sind, durch Einfachheit des Geistes und Tauglichkeit der Schaukraft zur einfachen, übernatürlichen, **über die Symbole erhabenen Wahrheit** zu gelangen.[43]

Diese Bildsprache bedarf der Ausdeutung, weil sie für Mißdeutungen anfällig ist und manches kühne Bild der Heiligen Schrift bei Unverständigen und Nicht-Eingeweihten Anstoß zu erregen vermag.[44] Diese Deutungsmöglichkeiten der Bildsprache analysiert Edith Stein in Anschluß an ihre Reflexionen der *Symbolischen Theologie* des Dionysius.

3.2. Die Symbolische Theologie als Bild- und Zeichensprache bei Edith Stein

Edith Stein stellt zunächst die Frage nach den sachlichen Voraussetzungen, damit diese Bildersprache der Symbolischen Theologie ge-

---

40 De myst. theol. III.
41 Vgl. WGE 28
42 Brief an Titus, I. (Herv. G.W.)
43 Ebd. Herv. G.W.
44 WGE 30

sprochen und angemessen verstanden werden kann bzw. nach der Begriffsbestimmung und dem inhärenten Zusammenhang von Bild und Symbol.[45] Wie sie später in der *Kreuzeswissenschaft* ausführt, weist das Bild im ursprünglichen Sinn, nämlich als *Abbild* (z.B. Portrait) „auf das Abgebildete durch eine **innere Ähnlichkeit** hin; wer es sieht, der wird dadurch unmittelbar auf das Urbild hingelenkt, das er darin wiedererkennt oder daraus kennenlernt"[46]. Ihre Auslegung deckt sich mit dem allgemein verbreiteten Verständnis dieses Begriffs, wonach „jedes Bild eigentlich ein Abbild (ist), sei es der äußeren, sei es der inneren Welt" und zugleich ein Sinn-Bild, da es eine geistige Einheit ausdrückt. Ein echtes Symbol liegt jedoch nur dann vor, wenn das Bild über seinen Eigensinn hinausweist und ein höherer Sinn anschaubar wird (z.B. in der Farbe Rot nicht nur das Blut, sondern auch das Leben).[47]
In der ursprünglichen Bedeutung des Wortes „Symbol" sieht auch Edith Stein dieses originäre Bildverhältnis noch nicht notwendig gegeben. Von den verschiedenen Bedeutungen des Wortes „Symbol" liegt für sie jene des „Zeichens" am nächsten, und zwar als Erkennungszeichen, Kennzeichen und eben Zeichen.[48] Auch ein Zeichen ist ganz allgemein etwas „mit den Sinnen Wahrnehmbares, das für ein anderes steht". Die beliebige Relation zwischen dem Zeichen und der bezeichneten Wirklichkeit (z.B. beim Verkehrszeichen) unterscheidet dieses vom Symbol, das durch seine lebensweltliche Bezugsgrundlage (Rot für Leben) mit seiner „Bedeutung zu einer inneren Einheit verschmolzen" ist.[49] Diesem Zeichenverständnis folgt auch Edith Stein in der *Kreuzeswissenschaft:* Eine inhaltliche Übereinstimmung zwischen Zeichen und Bezeichnetem ist demzufolge nicht erforderlich; über diese willkürlich gesetzte Beziehung müsse man aber unterrichtet sein, um das Zeichen zu verstehen.[50]
Manche religiösen Symbole sind, wenn man Edith Stein weiter folgt, weder Bilder noch Zeichen im ausschließlichen Sinn. Beispiel dafür ist das Kreuz, dessen Bilddimension darin besteht, daß es „durch seine anschauliche Gestalt unmittelbar hinein in die Sinnfülle (führt), die damit verwoben ist". Zugleich ist es ein Zeichen,

45 Ebd. 36
46 Edith Stein: Kreuzeswissenschaft (im folgenden abgekürzt: KW). ESGA 18. Freiburg 2003, 31 (Herv. G.W.)
47 Vgl. „Bild". In: Manfred Lurker, Wörterbuch der Symbolik. Stuttgart 1991
48 Vgl. WGE 36
49 Vgl. „Zeichen". In: Wörterbuch der Symbolik.
50 Vgl. KW 31

> aber eines, dem seine Bedeutung nicht künstlich angeheftet ist, sondern wahrhaft zukommt auf Grund seiner Wirksamkeit und seiner Geschichte. Seine sichtbare Gestalt weist auf den Sinnzusammenhang hin, in dem es steht.[51]

Die Bildebene bezieht sich also auf das unmittelbar Anschauliche, die Zeichenebene auf die verschlüsselten Aspekte, die der Deutung bedürfen. Allerdings bezeichnet Edith Stein das Kreuz nicht als „Symbol", was insofern verständlich ist, als der unmittelbare Bezug zur Lebenswelt fehlt, der auch einem Nicht-Christen ohne Unterweisung sofort einleuchten könnte.
Dieses zwar später entwickelte Deutungsschema läßt sich nämlich in der Folge auch auf die Symbolische Theologie zurückübertragen. Einerseits sieht Edith Stein ein „Bild" vorhanden, zwar im Sinne von „Gebildetem"; doch dieses weist – und darin liegt das Spezifische der Symbolischen Theologie – eine „anschaulich faßbare ‚*Gestaltung*' auf" und weist auf *Gott hin* „wie ein *Vorbild* auf seine *Erfüllung* oder ein *Abbild* auf das *Urbild*"[52]. Das „Gebildete" oder „Gestaltete" betrifft jedoch die Zeichenebene. Darunter versteht Edith Stein ein „Doppeltes", nämlich die *Worte*, in denen die Heilige Schrift von Gott und göttlichen Dingen spricht; sodann das, was die Worte unmittelbar zum Ausdruck bringen". Zum letzten gehören sowohl *Dinge*, die genannt werden (wie das Feuer oder der Mischkrug), als auch erzählte *Begebenheiten* (Parabeln) und schließlich *Handlungen* (die Werke Christi und die liturgischen Handlungen der Kirche). Das „Bildverhältnis" und in der Folge das Deutungspotential der Symbolsprache liegt daher zwischen dem mittelbar und unmittelbar in diesen Worten Ausgedrückten.[53] Aufgrund der Vieldeutigkeit der Symbole ist daher eine Interpretation erforderlich, die auf verschiedenen Stufen erfolgen kann und die einzelnen Sinnebenen berücksichtigt.
Allerdings legt Edith Stein in ihrer Symbolischen Theologie den Schwerpunkt auf die unmittelbare Bildebene und veranschaulicht dies am Beispiel des Feuers, das sich Moses als sein Gottesbild „aufgedrängt" hat.
Hier liegt ein *Bildverhältnis* im eigentlich Sinne vor: Ein Anschauliches, wie es in sinnlicher Wahrnehmung begegnen kann, stellt etwas

---

[51] Ebd. 32

[52] WGE 37 (Herv. orig.)

[53] Ebd. – Statt „Bildverhältnis" (Stein) könnte man auch „Zeichencharakter" oder „Zeichendimension" sagen.

anderes dar aufgrund einer sachlichen Gemeinsamkeit, die es möglich macht, im einen das andere wiederzuerkennen.[54]
Dieses Dargestellte kann jedoch nicht sinnlich geschaut werden, was für Edith Stein nicht ein Defizit des Bildverhältnisses darstellt, sondern vielmehr zur Eigentümlichkeit des Gottesbildes gehört.[55] Darin besteht auch ein weiteres Charakteristikum der Symbolischen Theologie.
Abgesehen von der Unsichtbarkeit des göttlichen Urbildes gehört jedoch die Erkennbarkeit des Dargestellten aus dem Bilde für Edith Stein zum Bild als solchem und eben auch zum Gottesbild. Aufgrund eben dieser Unsichtbarkeit muß der „Theologe" als „Bildschöpfer" zuerst zur Erkenntnis Gottes gelangen, um das Abbild nach diesem göttlichen „Urbild" gestalten zu können. Als mögliche Quellen der Gotteserkenntnis nennt Edith Stein drei Wege: die natürliche Gotteserkenntnis, den Glauben als „gewöhnlichen" Weg übernatürlicher Gotteserkenntnis und schließlich eine übernatürliche Erfahrung als „außerordentlichen" Weg übernatürlicher Gotteserkenntnis.[56] Die Kenntnis des Urbildes gestattet die Bestimmung der Abbildverhältnisse beim Sprechenden und beim Hörenden und in der Folge die Interpretation des Abbildes.

3.3. Erkenntnis des göttlichen Urbildes und sein Verhältnis zum Abbild: „Stufen der Verhülltheit und Enthüllung"

Mit ihrer methodischen Reflexion über die Möglichkeiten der Gotteserkenntnis geht Edith Stein über Dionysius hinaus, dessen Abhandlungen sie bis zu diesem Punkt interpretiert und kommentiert hat. Als erste Stufe nennt sie die **natürliche Gotteserkenntnis,** allerdings in diesem Kontext als „rein sachliche Möglichkeit", da der Areopagit diese – so die Meinung Steins – für seine Theologie nicht in Betracht gezogen hat:

> Wir verstehen heute unter „natürlicher Theologie" eine Gotteslehre, die durch den natürlichen Verstand aus der natürlichen Erfahrung gewonnen ist. Ihr Kernbestand sind die Beweise für das Dasein Gottes und die Lehre von Gottes Wesen und Eigenschaften, die sich aus der Erkenntnis der geschaffenen Welt ableiten läßt.[57]

[54] Ebd. 38
[55] Ebd.
[56] Ebd.
[57] Ebd. 39

Vom Verfahren her handelt es sich um begriffliches Denken, allerdings auf sinnlicher Anschauungsgrundlage. Grundlage dafür ist die ganze sichtbare Schöpfung, „*diese* Welt mit den Verweisungen, die über sie selbst hinausführen“[58]. Im Unterschied zum rein begrifflichen Denken setzt diese sinnliche Anschauung jedoch nicht etwas Gegebenes voraus, sondern sucht seinen Sinngehalt zu erschließen.
Der Theologe im Sinne des Areopagiten, z.B. der Sänger der Psalmen, findet zwar Gott aufgrund seines Glaubens in allen Dingen und in seinem Inneren. Für manche Bilder schließt Edith Stein jedoch nicht aus, daß sie nur aus der Anschauung der Natur geschöpft sein könnten, wie etwa in Ps 29,3: „Die Stimme des Herrn erschallt über den Wassern...“. Denn es sei dem Menschen natürlich, das Donnergrollen als Manifestation einer höheren Macht aufzufassen. Daher könne das Bild von der „Stimme Gottes“, das sich unmittelbar aufdrängt, auf Verständnis rechnen. Die symbolische Redeweise ist in einem solchen Fall Ausdruck symbolischer Erkenntnis, sofern sie nämlich über die Vergegenwärtigung des Bekannten hinausführt und zur Erkenntnis des noch Unbekannten führt.[59] Die Erschließung eines neuen Sinnes durch ein „Bild“ wie z.B. Donnergrollen kann folglich a priori als Merkmal der Symbolischen Theologie betrachtet werden.
Der zweite Weg natürlicher Gotteserkenntnis, den Edith Stein zwar nicht in diesem Kontext, sondern in *Endliches und ewiges Sein* ausführt, ist im Unterschied zu diesem „äußeren“ Weg von der Schöpfung her der „innere“, der vom Bewußtsein und seinem Erleben ausgeht. Dieser Weg bezieht bereits den Glauben als komplementäre Erkenntnismöglichkeit neben dem philosophischen Schlußfolgern mit ein, das Gott in die dem begrifflichen Denken eigene Ferne rückt. Erst der Glaube ermöglicht den nächsten Schritt auf Gott zu und läßt ihn als „Gott der persönlichen Nähe, den Liebenden und Erbarmenden“ erfahren, in einer Gewißheit, die keiner natürlichen Erkenntnis eigen ist.[60]
Den **Weg des Glaubens** selbst behandelt Edith Stein in den *Wegen der Gotteserkenntnis* als weitere mögliche Quelle für die Bildersprache der Symbolischen Theologie. Glaube ist hier im engen Sinn von *fides* zu verstehen, des „Annehmens und Festhaltens der *übernatürlichen Offenbarung*“. Darunter versteht man

---

58 Ebd. 40f.
59 Vgl. WGE 41
60 EES 61

> die Selbstmitteilung Gottes durch das *Wort* im eigentlichen Sinne, vornehmlich die Mitteilung der in Gott verborgenen Geheimnisse Gottes, die der natürlichen Erkenntnis aus sich nicht zugänglich sind.[61]

Der Glaube eröffnet auch das Verständnis von Gottesbildern des Alten Testaments wie dem des „Vaters der Waisen" und des „treuen Hirten" im Hinblick auf die Verheißungen und Gnadenführungen Gottes.[62] Der Psalmensänger, dem sich dieses Bild aufdrängte, und das hörende Volk standen allerdings in der dafür erforderlichen gemeinsamen Überlieferung und Glaubenshaltung.[63] Diese Bilder sind allerdings nicht so unmittelbar evident wie jenes vom Donnergrollen, hier überwiegt die interpretierungsbedürftige Zeichenebene gegenüber der unmittelbar evidenten Bildebene.
Der Glaube ist zwar Erkenntnis und verleiht als solche den Besitz der Wahrheit; aber er ist dunkle Erkenntnis, sofern er sich nicht auf Einsicht in die gläubig angenommene Wahrheit gründet.[64] Daher ist der Glaube für Edith Stein nicht ein „Kenntnishaben von Sachverhalten auf Grund logischer Ableitung", sondern ein fortschreitendes „Kenntnisgewinnen"[65]:

> Als dunkle und uneinsichtige Erkenntnis erweckt er die Sehnsucht nach unverhüllter Klarheit, als vermittelte Begegnung das Verlangen nach unmittelbarer Begegnung mit Gott.[66]

Zwar gibt es für Edith Stein Grenzfälle zwischen Glauben und unmittelbarer Gotteserfahrung, in denen ein Wort der Schrift den Leser oder Hörer im Innersten so berührt, daß er sich von Gott unmittelbar selbst angesprochen fühlt. Dann ist der Boden des Glaubens zwar nicht verlassen, aber durch die Erfahrungserkenntnis überhöht.[67]
Diese zwar nicht obligatorische Erfahrung bildet dann den Übergang zur persönlichen Begegnung mit Gott, die nicht mehr durch Bilder, Gleichnisse und Ideen vermittelt wird, zur „Selbstoffenbarung Gottes im Schweigen". Dieser Gipfel, zu dem alle Stufen der Gotteserkenntnis emporführen, ist erst die ***„mystische Theologie"***, die „geheimnisvolle

---

61 WGE 41 (Herv. orig.)
62 Vgl. ebd. 43 – Vgl. Ps 68,6 und Ps 23
63 Einem Außenstehenden müßten solche Bilder erst durch Erklärungen zugänglich gemacht werden.
64 Vgl. ebd.
65 Edith Stein: Was ist der Mensch? Theologische Anthropologie (im folgenden abgekürzt: WIM). ESGA 15, Freiburg 2005, 34f.
66 WGE 55
67 Vgl. ebd. 51

Offenbarung“ im eigentlichen Sinn.[68] Sie ist gleichsam die „Hohe Schule der *Symbolischen Theologie“*, die dem heiligen Schriftsteller Bilder und Worte vermittelt, um das Unsagbare zu sagen und das Unsichtbare sichtbar zu machen. Das entscheidende Moment ist jedoch das „innere Berührtwerden von Gott ohne Wort und Bild“ in einem intimen Kennenlernen Gottes: Erst dadurch ist die Möglichkeit gegeben, „das Bild nach dem Original zu gestalten“, aber auch ein Maßstab für die Beurteilung für Bilder und Worte über Gott.[69]

Diese Stufen der Gotteserkenntnis bedingen, wie schon angedeutet, verschiedene Weisen und **Stufen der Verborgenheit**. Diesen entsprechen wiederum verschiedene Weisen und Stufen symbolischer Erkenntnis: Das eigentliche Bildverhältnis eröffnet den allgemeinen Zugang. Die Parabeln stellen die göttlichen Wahrheiten „wie in einem Schrein“ dar, für die der Schlüssel entweder gesucht werden muß, aber auch als Erklärung oder innere Erleuchtung hinzugefügt ist. Es kann aber auch einzelnen oder ganzen Ständen die Gabe und Aufgabe der Schriftauslegung als „Schlüsselamt“ übertragen werden.[70] Von hier aus eröffnet sich für Edith Stein das Verständnis für die Bedeutung der areopagitischen Hierarchien:

> Daß Gott sich in erster Linie den **reinen Geistern** offenbart, deren natürliche Fassungskraft größer ist als die unsere und bei denen das göttliche Licht auf keine inneren Widerstände trifft; daß sie das Amt erhalten, das empfangene Licht weiterzugeben, und daß ihr **Amt sich fortsetzt in der „kirchlichen Hierarchie“** – in menschlichen Ordnungen, deren Mitglieder zu engelgleichem Leben und Dienst berufen sind.[71]

Zu den Aufgaben der kirchlichen Hierarchie gehören der Empfang und die Verwaltung des Wortes mit gereinigtem Geist, im besonderen die Verkündigung und Deutung des Wortes. Diese hierarchisch gestuften Aufgaben bedingen ihrerseits verschiedene **Stufen der Enthüllung:**

> Und wie es verschiedene Weisen und Stufen des Verhülltseins gibt, so gibt es verschiedene Weisen und Stufen der Enthüllung, eine Abstufung der Ämter und eine Abstufung des Ausgeschlossenseins und Zugelassenwerdens.[72]

---

68 Ebd. 57
69 Vgl. ebd. 49f.
70 Ebd. 56
71 Ebd. 56f. (Herv. G.W.)
72 Ebd. 57

Im Anschluß an Edith Stein werden wir analysieren, welche Arten von Bildverhältnissen den einzelnen Stufen der Gotteserkenntnis entsprechen und inwiefern diese als exegetische Aufgaben im Sinne ontischer Größen den Stufen der Kirchlichen Hierarchie zuzuordnen sind.

4. Stufen der Gotteserkenntnis nach den Stufen der Kirchlichen Hierarchie[73]

Die Kirchliche Hierarchie ist für Dionysius wie alles Geschaffene Abbild ihres Urgrundes, der Heiligsten Dreifaltigkeit. Infolge der Teilhabe an der Heiligkeit Gottes auf geschöpflicher Ebene ist die Hierarchie ein Amt, „das alles Heilige in sich schließt", weshalb der in sie eingeführte göttliche Priester „Anteil (hat) an allen geheiligten Dingen". Daher bezeichnet der Name Hierarch „einen wunderbaren und göttlichen Mann, der in allem heiligen Wissen unterrichtet ist" und in dem „seine Hierarchie rein zur Vollendung und Erkenntnis kommt"[74].
Diese Hierarchie nimmt eine Mittelstellung ein zwischen der himmlischen Hierarchie und der im Alten Testament von Gott gewährten „Gesetzeshierarchie"[75], die zur Vorbereitung auf den geistigen Gottesdienst eingesetzt war. Mit der unkörperlichen und unsichtbaren himmlischen Hierarchie steht sie durch das „geistige Schauen" in Verbindung, mit der Gesetzeshierarchie durch die „Mannigfaltigkeit sinnenfälliger Zeichen, durch die auch sie zur Gottheit geführt wird"[76]. Aus dieser Stellung leitet sich auch der Auftrag der Kirchlichen Hierarchie im engeren Sinn ab:

> Es ist also Aufgabe derer, die als erste **Gott schauen**, den folgenden neidlos, ihrer Fassungskraft entsprechend, die göttlichen Schauspiele zugänglich zu machen, die sie heilig erkannt haben: Auch über das zu **belehren,** was der Hierarchie eigen ist, ist Sache derer, die mit dem vollkommen wertgebenden Wissen auch über die heiligen Geheimnisse ihres Standes recht belehrt worden sind und die vollendete Kraft, andere zu belehren, erlangt haben.[77]

Dieser Lehrauftrag der kirchlichen Amtsträger folgt ebenfalls dem trinitarischen Grundzug der dionysischen Theologie, als

[73] Im folgenden wird „Kirchliche Hierarchie" durchgehend mit Großbuchstaben geschrieben, um die Bezugnahme zu dieser Schrift des Dionysius anzudeuten.

[74] De eccl. hierarch., I,5.

[75] Vgl. ebd. V,4. – Vgl. dazu die Anordnungen für die Priester im Buch Leviticus.

[76] Ebd. V,5

[77] Ebd. V,12 (Herv. G.W.)

> **Dreiteilung** des heiligen Standes, da sie in heilige Weihehandlungen eingeteilt wird, in gottähnliche Diener des Heiligtums und in solche, die von ihnen zu den ihnen entsprechenden heiligen Handlungen geführt werden.[78]

Jeder dieser drei Teile der Kirchlichen Hierarchie im weiteren Sinn wird wiederum in einem ersten, mittleren und letzten Teil gegliedert. Die Weihe und die damit verbundenen Kräfte folgen in ihrer Abstufung den bereits erwähnten Prinzipien der Reinigung, Erleuchtung und Heiligung. Eine Zuordnung dieser Prinzipien zu den einzelnen Stufen der Hierarchie ergibt folgendes Bild:[79]

	Reinigung	**Erleuchtung**	**Heiligung**
Weihehandlung	Taufe	Eucharistie	Salbenweihe
Amtsträger	Diakone (Diener)	Priester	Bischöfe
Zu Heiligende	Katechumenen	Volk Gottes	Mönche

Die drei Stufen der Reinigung, Erleuchtung und Heiligung, aber auch das ihnen jeweils zugeordnete Paradigma können, phänomenologisch gesprochen, einander zugeordnet werden wie Intention und Erfüllung: Jede vorangehende Stufe findet ihre Erfüllung in der nächstfolgenden. Auf dieser hierarchischen Stufenleiter gilt demzufolge das gleiche Verhältnis auf ontologischer Ebene, das Edith Stein für die Stufen der Gotteserkenntnis postulierte, daß nämlich jede Stufe gegenüber der vorigen „Erfüllungscharakter" hat.[80] Folglich können auch die einzelnen Wege der im Rahmen des Verkündigungsauftrags der Kirche, in der Liturgie, zu vermittelnden Gotteserkenntnis dem erwähnten dreifachen Schema zugeordnet werden:

- die natürliche Gotteserkenntnis der Reinigung,
- der Glaubensweg der Erleuchtung,
- der mystische Weg der Heiligung bzw. Vollendung.

Diese Wege bzw. Stufen der Gotteserkenntnis werden im folgenden als ontologische Faktoren im Rahmen der Kirchlichen Hierarchie betrachtet.

---

[78] Ebd. V,5 (Herv. G.W.)

[79] Dieses Bild ist eine Zusammenstellung der diesbezüglichen zum Teil verstreuten Aussagen des Dionysius.

[80] Vgl. WGE 48.51

4.1. Die Diakone bzw. „Diener“: Reinigung und natürliche Gotteserkenntnis

Innerhalb des „Reinigungsparadigmas“[81] steht die Taufe an erster Stelle in der Ordnung der heiligen Weihehandlungen. Dionysius zählt auch die Reinigung zu ihren vorrangigen Wirkungen: „Reinheit des Lebens, und durch ein rechtschaffenes und göttliches Leben die Befreiung von aller Bosheit“, was „die natürliche Reinigung mit Wasser körperlich anzeigt“[82].

Die Spendung der Taufe war in den ersten Jahrhunderten durch den Bischof üblich, wenn auch nicht erforderlich. Im 2. Kapitel der *Kirchlichen Hierarchie* wird der Taufritus ausführlich erklärt und die vom Bischof unter Assistenz von Priestern und Diakonen vollzogene Weihehandlung beschrieben. Innerhalb des „Reinigungsparadigmas“ selbst ist die Taufe jedoch dem Stand der Diakone zuzuordnen, sofern diesem die Aufgabe zukommt, die Ankommenden „zu reinigen und Unpassendes auszuscheiden“ sowie „die noch Unreinen von den Priestern fern(zuhalten)“[83]. Dies ist auch an seiner Stellung als Türhüter ersichtlich: Die hierarchische Gesetzgebung stellt ihn nämlich „an die heiligen Türen, um anzudeuten, daß die zum Heiligtum Hinzutretenden durch Erleuchtung aller Art gereinigt werden müssen“[84].

Zu diesen Ankommenden gehören alle Stände, „die noch durch die Sorgfalt der Diener und die reinigende Kraft entsühnt werden“[85], also hauptsächlich die Katechumenen, aber auch die Büßer. Die Aufgabe der Reinigung steht in ursächlichem Zusammenhang mit der Entsühnung, weshalb der Stand der Diakone zugleich der „entsühnende“ ist. Die Entsühnten führt der Diakon hin zu den „herrlichen Heiligungen durch die Priester“ und bildet sie zugleich heran „durch die erleuchtenden Lehren der Heiligen Schrift“[86].

Diese „Erleuchtung“ vollzieht sich aber entsprechend dem Stand der Katechumenen und Büßer und daher gemäß der Weisung, die „heiligen und einigenden Geheimnisse vor der Menge bewahrt“ zu halten.[87] Die Unterweisung dieses Standes durch die Diakone erfolgt zwar auf der Grundlage der Heiligen Schrift. Als jene Stufe, die diesem Stand angemessen ist, kann aber nur jene der natürlichen Gotteserkenntnis angese-

[81] Diese Einteilung in Paradigmata stammt von der Verfasserin.
[82] De eccl. hier II,8.
[83] Ebd. V,17
[84] Ebd. V,17
[85] Ebd. VI,1
[86] Ebd. V,17
[87] Ebd. II,8

hen werden, die noch kein übernatürliches Glaubensverständnis voraussetzt.[88] Zu den Symbolen aus der Heiligen Schrift, die sich dafür eignen, gehört z. B. jenes vom Donnergrollen als Hinweis auf die Stimme Gottes, einer höheren Macht. Aber auch das Bild vom Guten Hirten und den ihm anvertrauten Schafen wäre dafür geeignet, sofern damit die Geborgenheit in Gott angedeutet wird. Für diese Stufe der natürlichen Gotteserkenntnis ist aber entscheidend, daß die Bildebene im Symbol und somit die unmittelbare Anschaulichkeit gegenüber der zu interpretierenden Zeichenebene überwiegt.
Der Anteil an den übernatürlichen Gaben und folglich ein übernatürliches Verstehen wird erst durch die Taufe verliehen bzw. grundgelegt. Deshalb bezeichnet Dionysius sie auch als das „Sakrament der Erleuchtung", das den „göttlichen Zustand" des Menschen wieder herstellt.[89] Daher ist die übernatürliche Gotteserkenntnis nur dem bereits Getauften zugänglich:

> Da nämlich diese göttliche Seinsverfassung eine göttliche Geburt ist, so wird niemals jemand etwas von den Gott mitgeteilten Dingen erkennen oder gar tun, dem nicht eben diese Seinsverfassung von Gott verliehen ist.[90]

Diese „göttliche Wiedergeburt" bereitet für die „übrigen heiligen Worte und Werke"[91]. Sie weist nach dem Verhältnis von Intention und Erfüllung bereits auf das nächste Paradigma hin, jenes der „Erleuchtung", dem als Weihehandlung die hl. Eucharistie zugrunde liegt.

4.2. Die Priester: Erleuchtung und Glaubenserkenntnis

In der Ordnung der „Diener des Heiligtums" sind die Priester der „mittlere Stand", dessen Aufgabe darin besteht, die durch die Diakone Entsühnten zu erleuchten.[92] Diese mit der Erleuchtung verbundene Mittelstellung des Priesters, zwischen Entsühnung und Vollendung, findet ihre sinnbildliche Entsprechung im Weiheritus, und zwar in der doppelten Kniebeuge. Die Diakone beugen nämlich im Unterschied zu den

---

88 Dies gilt im engeren Sinn nur für die Katechumenen. Die Büßer haben die heiligmachende Gnade und die damit einhergehenden Gaben verloren.

89 Ebd. II,2.3

90 Ebd. II,2

91 Ebd.

92 Ebd. V,8

Priestern bei ihrer Weihe nur ein Knie, da ihnen nur eine Aufgabe, die Reinigung, anvertraut ist:

> Die Priester aber beugen beide Knie, weil die, welche sie heilig voranführen, nicht nur **gereinigt** werden, sondern auch durch ihre herrlichen Opferhandlungen zum Stand des **Schauens** und zur **Wahrheit** auf priesterliche Weise herangebildet werden, [...].[93]

Dem Priesterstand obliegt es folglich, die Eingeweihten zum Anblick der Geheimnisse zu führen und die göttlichen Werke durch die heiligen Sinnbilder, nämlich die hl. Eucharistie, zu zeigen.[94] Daher steht die hl. Eucharistie als Weihehandlung in diesem „Erleuchtungsparadigma". Denn wie durch die Reinigung in der Taufe der Anteil am göttlichen Leben verliehen wird, so ist die hl. Eucharistie jenes Sakrament, das durch seine einheitswirkende Kraft den Amtsträgern bei ihrer Weihe die göttliche Erleuchtung vermittelt:

> Denn es wäre wohl nicht recht, irgendeine hierarchische Amtsleistung in Angriff zu nehmen, ohne daß die göttliche Eucharistie am Anfang einer jeden Weihe die Verbindung des zu Weihenden mit jenem Einen zur Vollendung brächte und ihm durch göttliche Übermittlung der Gabe der vollendenden Geheimnisse die göttliche Vereinigung zuteilwerden ließe.[95]

So wie die Taufe als „Anfang aller göttlichen Erleuchtungen" zum Empfang weiterer Erleuchtungen befähigt, so verleiht das Weihesakrament auf der Grundlage und in Vollendung durch die hl. Eucharistie die Vollmacht zur Lehre bzw. zur „Erleuchtung". Der Stand in diesem „Erleuchtungsparadigma", der erleuchtet und zur Heiligkeit geführt werden soll, ist jener, dem „der Anblick der heiligen Handlungen gewährt wird", nämlich das heilige Volk.[96]

Die Stufe der zu vermittelnden Gotteserkenntnis auf dieser Ebene ist jene des Glaubens. Denn nur der erleuchtete Glaube vermag durch die Gestalten von Brot und Wein Christus zu erkennen, zugleich aber die übernatürliche Offenbarung Gottes durch Symbole zu erfassen, wie Edith Stein diese Zusammenhänge beleuchtet:

> Symbol als geheimnisvolle Offenbarung, Offenbarung und zugleich verbergende Hülle war und ist auch die Menschheit Christi im Verhältnis zu seiner Gottheit; wenige Zeitgenossen vermochten es, die Hülle zu durchdringen. Das gilt erst recht von den Gestalten des Brotes und Weines, in

[93] Ebd. V,29 (Herv. G.W.)

[94] Ebd. V,16

[95] Ebd. III,3

[96] Ebd. V,7

> denen Gottheit und Menschheit geheimnisvoll offenbart und so dicht verhüllt sind.[97]

Analog dazu muß bei der Glaubenserkenntnis anhand von Symbolen erst die äußere Hülle des unmittelbaren Wortsinnes durchstoßen werden, um den übernatürlichen Sinn zu erfassen. In einem solchen Fall – wie etwa beim Mischkrug als Hinweis auf die Vorsehung – liegt daher „kein eigentliches Bildverhältnis" vor, aber auch kein willkürliches festgesetztes Zeichenverhältnis.[98] Im Vergleich zur natürlichen Gotteserkenntnis hat aber die Zeichenebene trotzdem den Vorrang gegenüber der Bildebene. Daher ist im Unterschied zu einer rein aus der Anschauung geschöpften und aus der Anschauung verständlichen Ausdrucksweise nämlich das Verhältnis zwischen dem unmittelbar und mittelbar Ausgedrückten in „denkender Vergleichung begründet"[99], d.h. der Sinn des Dargestellten muß „erraten" oder „erklärt" werden.
In diesen Fällen liegt daher das vor, was die Allegorie vom Symbol als dem Sinnbild im eigentlichen Sinn unterscheidet. Eine allegorische Deutung des Symbols liegt dort nahe, „wo aus dem Anschaulichen eine Sinnfülle spricht, die verschiedene (einander nicht ausschließende) Deutungen zuläßt"[100]. Um es anhand des Gleichnisses vom Hirten und den Schafen zu verdeutlichen: auf der Ebene der natürlichen Gotteserkenntnis kann dieses auf die Geborgenheit in Gott bezogen werden, auf jener der Glaubenserkenntnis auf die Abhängigkeit von Gott, auf das Hirtenamt und/oder die Kirchliche Hierarchie im weiteren Sinn.
Edith Stein zählt auch Beispiele auf, in denen das Symbol gar nichts Sinnenfälliges mehr an sich hat, z.B. bei den Parabeln. Diese enthalten gegenüber der Allegorie im eigentlichen Sinn nicht nur den ausgeführten Vergleich, sondern auch die Aufforderung, nach einer Bedeutung zu suchen,[101] wie dies etwa in den Gleichnissen Jesu der Fall ist. Edith Stein verweist u.a. auf jenes des Sämanns (Mt 13,3ff), an das Jesus selbst auf Verlangen der Jünger die Erklärung angefügt hat. Vorher aber hatte er seine Erzählung beschlossen mit der Mahnung: „Wer Ohren hat zu hören, der höre!"[102]
Diese Auslegung der Gleichnisse Jesu und die Glaubensunterweisung im weiteren Sinn ist also, verbunden mit der Feier und Spendung der

---

[97] WGE 56, Fußnote 109 (in Hs I, 67 allerdings durchgestrichen, lt. Vermerk in dieser Fußnote)
[98] Vgl. ebd. 65
[99] Ebd.
[100] Ebd. 66
[101] Vgl. „Parabel", in: Wörterbuch der Symbolik.
[102] Ebd. 55

hl. Eucharistie, den Priestern aufgetragen: Sie gewähren dem Volk Gottes „Zugang zur Gemeinschaft der heiligen Geheimnisse“[103]. Die Belehrung aber über die Geheimnisse selbst kommt ihnen nicht zu. Diese ist den Bischöfen vorbehalten als dem vollendenden Stand.

4.3. Die Bischöfe: Vollendung und unmittelbare Gotteserkenntnis

Diesem „Vollendungsparadigma“ liegt als Weihehandlung die dem Bischof vorbehaltene Salbenweihe zugrunde. Die einführende sinnbildliche Handlung, nämlich die Verhüllung der Salbe mit zwölf heiligen Flügeln, deutet zunächst an, „daß heilige Männer den Duft der Heiligkeit ihrer Seele verhüllen sollen“[104]: Der Vollzug dieser Weihehandlung bringt daher für die Bischöfe die Verpflichtung zur Heiligkeit mit sich, da sie sich nur „in heiligen Bildern sehen“ läßt und „nur von heiligen Männern in hierarchischem Aufstieg unmittelbar erblickt und gefeiert“ wird:[105]

> Was also in ihrer Kraft entsprechend in ihrer Seele Heiliges und am meisten Gottähnliches ist, was nach dem Bild und Gleichnis Gottes geschaffen ist, das verbergen sie und **schauen nur auf das geistige Urbild**.[106]

Das geistige Urbild, nämlich „Jesus selbst“, der „überfließende Quell“ aller göttlichen Gaben, wird durch die „mystische Zusammensetzung der Salbe“ versinnbildlicht, durch „Gestaltung gestaltloser Dinge“[107]. Daher bedeutet die Verhüllung der Salbe durch die Flügel der Seraphim ferner, „daß Christus bei der Annahme der ganzen Menschennatur doch in sich unverändert blieb“, daß „der Ihm eigene Seinsgrund... seinem Wesen nach unverändert war“[108]. Verhüllt wird also die unaussprechliche Heiligkeit Gottes, auch im Herabsteigen zu den Menschen und in ihrem Heilshandeln. Die Wirksamkeit der geweihten Salbe besteht folglich für Dionysius sowohl in der **Weihe** als auch in der **Vollendung**, als besondere Weihe Gottes: „... sowohl weil er um unseretwillen nach Menschenweise geheiligt wird, als (auch) weil Er auf göttliche Weise selbst alles weiht und heiligt, was geweiht werden

[103] De eccl. hier. V,16
[104] Ebd. IV,3
[105] Ebd. IV,5
[106] Ebd. IV,3 (Herv. G. W.)
[107] Ebd. IV,7
[108] Ebd. IV,12

soll"[109]. Daher kommt auch dem Stand der Bischöfe die Kraft zur Vollendung zu.
Die Stufe der zu vermittelnden Gotteserkenntnis, die den Bischöfen als diesem Stand der Vollendung entspricht, ist jene der mystischen Erkenntnis, des unmittelbaren Zugangs zum Wort Gottes. Denn es ist ausschließliche Aufgabe der Bischöfe, „die Lehre von den heiligen Geheimnissen erklärend weiter(zugeben) und (zu) lehren, welche heiligen Fähigkeiten und Kräfte ihnen zukommen"[110]. Die symbolische Entsprechung im Ritus der Bischofsweihe ist die Auflegung der Heiligen Schrift auf das Haupt des zu weihenden Bischofs:

> Da nämlich die **vollendende Kraft und Lehre des gesamten Priestertums** den obersten Priestern von der göttlichen und ursprünglich vollkommenheitgebenden Güte geschenkt wird, wird ganz mit Recht auf das Haupt der Bischöfe die von Gott offenbarte Heilige Schrift gelegt.[111]

Auf diese Weise hat der Bischof „vollen Anteil an der gesamten hierarchischen Kraft". Diese von Gott geoffenbarte Wissenschaft darf er jedoch nicht für sich behalten, sondern muß sie den anderen je nach ihrer Fassungskraft für heilige Dinge mitteilen.
Der Stand in diesem Paradigma, der zur Heiligung geführt werden soll, ist jener der Mönche. Dieser ist zugleich der höchste Stand der Vollkommenheit, der zu „gottähnlicher Einheit und Gott wohlgefälliger Vollkommenheit" führt.[112] Mit den Bischöfen gemeinsam haben die Mönche die Verpflichtung zur Vollkommenheit, allerdings nicht die Leitungsaufgabe. Denn es ist „nicht Sache des Mönchsstandes, andere zu leiten, sondern bei sich selbst im heiligen und einsamen Stande zu bleiben, [...], sich leicht zum göttlichen Wissen um die heiligen Dinge, die sie betreffen, führen zu lassen"[113]. Aus dieser Eigenart und den Verpflichtungen des Mönchsstandes läßt sich schließen, daß er mehr als jeder andere Stand der Kirche zur mystischen Gotteserkenntnis befähigt ist.
Unter den Gegebenheiten zur Zeit des Dionysius war es üblich, daß nur die Mönche zum Empfang der hl. Kommunion am Ende ihrer Weihe durch den Bischof zugelassen wurden; das Volk durfte die hl. Gestalten lediglich schauen. Im Laufe der Jahrhunderte haben die diesbezügli-

109 Ebd. IV,17
110 Ebd. V,15
111 Ebd. V,28
112 Ebd. VI,3
113 Ebd. VI,5

chen kirchlichen Vorschriften einen erheblichen Wandel erfahren, so daß die Einswerdung mit dem eucharistischen Herrn nicht nur den Ständen der Vollkommenheit vorbehalten ist. Gerade aus heutiger Sicht bestehen zwischen den Paradigmata der Erleuchtung und der Einigung fließende Übergänge. Daher gilt dieses „Erleuchtungsparadigma“, gerade was den Empfang der hl. Kommunion anbelangt, nicht nur für die Mönche und Gottgeweihten im engeren Sinn. Analog dazu ist die mystische Erkenntnis im Sinne persönlicher Gotteserkenntnis sicher nicht nur den Mönchen eigen, sondern auch jedem Getauftem bei entsprechender Disposition zugänglich. Der Mönchsstand hat aufgrund seiner Lebensweise nur bessere Möglichkeiten, zu einer solchen Erkenntnis zu gelangen.
Aber gewisse Aspekte der Theologie des Dionysius behalten dennoch ihre zeitlose Gültigkeit. Daraus läßt sich abschließend feststellen, daß der Entsprechung von Weihehandlung, Sakramentenspendung und zu vermittelnder Gotteserkenntnis gewisse, wenn auch abgestufte Grenzen gesetzt sind.

5. Konklusion: abgestufte „ontologische Grenzen“

Wenn auch zwischen dem „Vollendungs-” und dem „Erleuchtungsparadigma“ auf der untersten und mittleren Stufe, also dem zu heiligenden Stand und dem Empfang der hl. Eucharistie, aus heutiger Sicht fließende Übergänge bestehen, so ist das dazugehörige hierarchische Amt, jenes der Bischöfe, unverrückbar mit der Aufgabe der Vollendung verbunden. Dionysius eröffnet in seiner Theologie eine Sicht dieses Amtes, die im Gefolge des II. Vatikanums leider verkürzt worden ist: *Lumen Gentium* 21 betrachtet die Bischofsweihe nur als Übertragung der Fülle des Weihesakramentes. Dadurch wird einerseits die Bedeutung des Priesterstandes geschmälert, ohne das Spezifikum der Bischöfe, nämlich die Aufgabe der Vollendung, in Betracht zu ziehen. Dieses liegt schon in ihrer spezifischen Weihehandlung begründet, der Salbenweihe, die nicht an Priester delegiert werden kann. Außerdem sind die Bischöfe als der vollendende Stand diejenigen, denen – nach dem Schema und der Terminologie von Edith Stein – das „Schlüsselamt“ der Schriftauslegung übertragen ist. Dieses Amt kann allerdings nur in Einheit mit dem Papst und der Gesamtkirche ausgeübt werden. In diesem Sinn läßt sich auch die Auflegung der Heiligen Schrift im Ritus der Bischofweihe deuten: Nicht nur als unmittelbarer und

„volle(r) Anteil an der gesamten hierarchischen Kraft"[114] nach Dionysius, sondern auch als Verpflichtung, die überlieferte kirchliche Tradition und das Lehramt des Nachfolgers Petri zu achten. Das „Schlüsselamt" der Schriftauslegung seinerseits ist obligatorischer Bezugspunkt für den Verkündigungsdienst der Priester. Zwischen dem Bischofsamt und dem Priestertum besteht daher sowohl von der zugrundeliegenden Weihehandlung als auch von den exegetischen Aufgaben her eine unverrückbare ontologische Grenze.
Eine weitere Grenze dieser Art ist im Anschluß an Dionysius in der engen Verbindung von Klerikern und hl. Eucharistie gegeben, also in einer ontologischen Sicht des Weihestandes. Auch wenn der Empfang der hl. Kommunion auf das gesamte getaufte Volk Gottes ausgedehnt ist, so ist doch aus dieser Sicht der Vollzug der eucharistischen Handlungen den Priestern vorbehalten und die Kommunionspendung den Klerikern, also Priestern und Diakonen. Die Forderung des Dionysius, daß nur Bischöfe die hl. Eucharistie austeilen dürfen, kann aus heutiger theologischer, aber auch pastoraler Sicht nicht mehr aufrechterhalten werden. Sie ist nur aus den zeitbedingten Umständen heraus zu erklären. Eine weitere Grenze, die durch das Weihesakrament gegeben ist, besteht aber in der Verkündigung und Erklärung des Wortes Gottes im Rahmen der Liturgie: Diese kommt demzufolge nur den Priestern zu und kann nicht einmal an Diakone und noch weniger an Laien übertragen werden. Außerhalb der Liturgie kann das Wort Gottes jedoch von jedem getauften Mitglied des Volkes Gottes erklärt und jede Art von Gotteserkenntnis vermittelt werden.
Wesentlicher aber als die Grenze Unterscheidung zwischen Erleuchtung und Einigung muß auch aus heutiger Sicht jene zwischen Reinigung und Erleuchtung sein. In einem Zeitalter des Ökumenismus und einer synkretistischen Sicht der Religion ist es wichtig zu betonen, daß ein Ungetaufter rein ontologisch die Stufe der natürlichen Gotteserkenntnis nicht überschreiten kann. Voraussetzung für den Zugang zur Glaubenserkenntnis ist die Reinigung, die durch das Taufsakrament als Grundlage jeglicher übernatürlicher Erleuchtung vollbracht wird. Aber auch der Diakon als vermittelnde Instanz kann im liturgischen Verkündigungsdienst die Ebene der natürlichen Gotteserkenntnis nicht überschreiten; er hat noch keinen Anteil an der durch das Weihesakrament verliehenen Vollmacht zur Kündung des Wortes Gottes. Daher kann er nur die Katechumenen unterweisen, die noch keinen Zugang zu den Geheimnissen Gottes haben.

---

114 Ebd. V,28

Im Anschluß an Dionysius läßt sich also festhalten, daß zwischen den Trägern der Kirchlichen Hierarchie und den einzelnen Weihehandlungen eine unverrückbare ontologische Bezogenheit besteht, die in einer hierarchischen Seinsordnung begründet ist. Diese Abstufung des Seins nach Dionysius läßt sich bekräftigen, wenn komplementär dazu auch die Stufen der Gotteserkenntnis nach den Ausführungen von Edith Stein als ontologische Größen im Sinne einer hierarchischen Erkenntnisordnung betrachtet werden. Eine ontologisch begründete Sicht dieser Art, die auch die ontologischen Grenzen der einzelnen Stufen aufzeigt, ist aufgrund der vorliegenden Analysen durchaus legitim.

Die Bedeutung der Trinitätslehre im Rückgriff auf Edith Stein[1]

Das zentrale Dogma des Christentums seit apostolischen Zeiten, zugleich unterscheidendes Merkmal gegenüber dem Judentum einerseits und dem Heidentum andererseits, ist das Geheimnis der Trinität als Kern des *Taufsymbolums*. Dieses einfache ursprüngliche Bekenntnis, Fundament der dogmatischen Entwicklung in Abgrenzung gegenüber häretischen Irrtümern und synkretistischen Strömungen, lautete:

> Ich glaube an den einen Gott, den Vater, den allmächtigen,... und an Jesus Christus, Gottes eingeborenen Sohn, unseren Herrn ... und an den Heiligen Geist.[2]

Die Trinität wurde von den Kirchenlehrern stets als Glaubensgeheimnis betrachtet, das die reine Vernunfterkenntnis übersteigt. Der lehramtlich definierte Glaube an die Heiligste Dreifaltigkeit hat aber tiefgreifende Auswirkungen auf das Verständnis der menschlichen Person und ihre Gottesbeziehung. Daher lässt sich schon a priori festhalten, dass nicht nur unter dem Aspekt des Glaubens, sondern auch im anthropologischen Bereich jeder Dialog[3] mit Nichtchristen wie auch jedes Gebet mit Nicht-Katholiken ausgeschlossen ist, weil dafür einfach die theologische Ausgangsbasis fehlt. Ausgehend von den biblischen Grundlagen und lehramtlichen Entscheidungen lässt sich diese Perspektive des Trinitätsglaubens besonders deutlich im Werk Edith Steins verfolgen, das einen innovativen Zugang zum Verständnis dieses Geheimnisses liefert.

---

1 Erstveröffentlichung in: „Dienst am Glauben", Heft 1, Januar-März 2012, 18-27. Mit freundlicher Genehmigung des Herausgebers, P. Franziskus Federspiel OFSP

2 Vgl. Matthias Joseph Scheeben, *Handbuch der katholischen Dogmatik*. Erster Band. Freiburg, Unveränderter Neudruck 1933, § 106, Nr. 683-684

3 Mit diesem „Dialog" ist im folgenden nicht die vernunftgemäße Begründung des Glaubens gemeint, die besonders vom I. Vatikanum gefordert wurde. Die Konzilstexte verweisen – in Einklang mit der kirchlichen Überlieferung – auf die Notwendigkeit der nach Prinzip und Gegenstand unterschiedenen zweifachen Erkenntnisordnung: einerseits die durch die Vernunft zu erlangende natürliche Gotteserkenntnis und andererseits die nur im Glauben zu erkennenden geoffenbarten Geheimnisse (DH 3015). Diese Unterscheidung wird aber unter Berufung auf ökumenische Anliegen in der modernen Theologie vielfach verwässert.

Die biblischen Grundlagen[4]

Das Alte Testament enthält entsprechend seiner Vorläuferrolle zwar noch keine eindeutigen Lehraussagen über die Heiligste Dreifaltigkeit, aber bereits einige Andeutungen, die im Lichte der neutestamentlichen Offenbarung als ihre Erfüllung gedeutet werden müssen. Da das Volk Israel den Monotheismus gegenüber der heidnischen Umwelt verteidigen musste, stand darin die Einheit des göttlichen Wesens im Vordergrund. Allerdings wird bereits im Alten Testament die Dreiheit der Personen in Gott nicht nur vorausgesetzt, sondern zumindest andeutungsweise zum Ausdruck gebracht. Dazu gehören in erster Linie jene Stellen, in denen Gott in einer Art innertrinitarischem Selbstgespräch in der Pluralform von sich spricht (Gen 1,26: „Lasst uns den Menschen machen nach unserem Bild und Gleichnis"; vgl. auch Gen 3,22 und 11,7).

Im übrigen konzentriert sich das Alte Testament in Ankündigung des Heilsgeschehens auf die Person des Sohnes, während der Heilige Geist, dessen Kommen das abgeschlossene Erlösungswerk voraussetzt, eher im Hintergrund bleibt. Der Sohn tritt unter dem Aspekt seiner zukünftigen Sendung am deutlichsten hervor in den Theophanien der vordavidischen Zeit: Er erscheint als ein von Gott ausgehender und ihn repräsentierender Gesandter, wodurch offenkundig wird, dass es in Gott mehrere Personen geben muss (Gen 16,7-13; Ex 3,2-14). Dieser Personenunterschied in Gott ist in den messianischen Weissagungen bereits vorausgesetzt, indem der von Gott gesandte Messias als Gottes Sohn verkündet wird (Ps 2,7; Is 9,6; 2 Kön 7,14). Die Weisheitsbücher stellen die zweite göttliche Person als von Gott gezeugte Weisheit in ihrem Ursprung und Wesen dar (Spr 8,22-31; Weish 7,22-30), als Typus des Logos in der neutestamentlichen Offenbarung (Joh 1ff. und Hebr 1,3). Schließlich ist auch die Einheit des göttlichen Wesens in drei Personen im Alten Testament bereits direkt angesprochen, und zwar im Gebet des Weisen in Weish 9,1-4: Der Vater, der das All durch Sein Wort (den Sohn) erschaffen hat, wird um Weisheit (den Heiligen Geist) angefleht.[5]

---

[4] Zu den Aussagen der Heiligen Schrift über die Trinität im allgemeinen vgl. Scheeben aaO, § 107.110 und Ludwig Ott, *Grundriss der Dogmatik*. Bonn [11]2005, 98-102

[5] Schon in Anbetracht dieser Aussagen der Heiligen Schrift ist es verfehlt, dem Christentum wegen des Trinitätsglaubens die monotheistische Ausrichtung abzusprechen. Noch verfehlter ist es, „eine Hauptaufgabe christlicher Theologie in dem Bedenken der drängenden Frage nach ihrer Vereinbarkeit [d.h. Vereinbarkeit der Trinität] mit dem überkommenen israelitisch-jüdischen Monotheismus" zu sehen. Vgl. dazu P. Plank, *Trinität*. In: Lexikon des Mittelalters, Bd. VIII. München 2003, Sp. 1011. Denn das in den Schriften des Alten Testaments überlieferte

Während im Alten Testament Gott als Herr und Schöpfer hervortrat, zu dem der Mensch in einem natürlichen Verhältnis stand bzw. stehen sollte, hat das Neue Testament „die innigste und vertraulichste Lebensgemeinschaft mit Gott“ zum Ziel, „welche in der Lebensgemeinschaft der göttlichen Personen untereinander ihr Vorbild hat“[6]. Ausgangspunkt bzw. Voraussetzung dieser Lebensgemeinschaft ist das Erlösungswerk, das mit der Verkündigung des Engels an Maria, bei der alle drei göttlichen Personen zugegen sind, seinen Anfang nimmt (Lk 1,35). Die wohl bedeutsamste Aussage des Neuen Testaments zum Trinitätsgeheimnis ist schließlich im Zusammenhang mit dem Antritt der öffentlichen Lehrtätigkeit Jesu zu sehen, nämlich in der Selbstoffenbarung des Dreifaltigen Gottes bei seiner Taufe im Jordan (Mt 3,16f.). Als Gegenstand der Verkündigung und nicht in unmittelbarer Präsenz werden die drei göttlichen Personen als selbständig handelnde und untereinander als sendende, gebende und empfangende Subjekte in den Abschiedsreden Jesu dargestellt (Joh 14,16; 15,26; 16,13). Die „Dreieinheit als Fundamentaldogma des christlichen Glaubens“, der Unterschied der Personen in der Einheit des Wesens, ist schließlich im Taufmandat Jesu grundgelegt (Mt 28,19).[7] Die apostolischen Briefe legen schließlich Zeugnis dafür ab, dass sich der Glaube an die Trinität bereits in der Urkirche gegenüber dem strikten Monotheismus des Judentums durchsetzte (1 Petr 1,1f; 1 Kor 12,4-13; 2 Kor 13,13; Eph 1,3).
Dieser biblisch fundierte Glaube der Kirche an die Trinität war von Anfang an Missdeutungen ausgesetzt, je nachdem die Einheit des Wesens oder die Unterschiedenheit der Personen überproportional bewertet wurde. Mit diesen häretischen Irrtümern musste sich das kirchliche Lehramt bereits in der frühen nachapostolischen Zeit auseinandersetzen.

Gottesbild ist bereits die Trinität und nicht jener starre Monotheismus, an dem das Judentum unter ausdrücklicher Ablehnung der Dreifaltigkeit bis heute festhält. In Wirklichkeit gestattet nämlich das Trinitätsmysterium keinerlei Vergleich mit dem Monotheismus des Judentums und anderen sog. „abrahamitischen Religionen“, wodurch sogar der Terminus „Monotheismus“ als solcher als willkürliches Konstrukt der Religionswissenschaft offenkundig wird.

6 Scheeben aaO, § 107, Nr. 714

7 Ebd. Nr. 717

Die lehramtlichen Bestimmungen der Kirche

Das in der Taufformel festgelegte Bekenntnis zum dreifaltigen Gott wurde schon vom 1. Jahrhundert an von drei häretischen Strömungen unterlaufen:

- Der von judaistischen Häretikern vertretene *Monarchismus* leugnet – ausgehend von einem starren Monotheismus – die reale Verschiedenheit und damit die Dreifaltigkeit der Personen.
- Der *Subordinatianismus* hingegen nimmt zwar drei Personen in Gott an, bestreitet aber die Wesensgleichheit der zweiten und dritten göttlichen Person mit dem Vater und damit deren wahre Gottheit. Sohn und Geist wären demzufolge nur Produkt der nach außen gerichteten Wirksamkeit des Vaters und als eine Art Mittelwesen über den geschaffenen Wesen stehend, aber – in Ermangelung göttlicher Eigenschaften – eben nicht eines Wesens mit Gott und daher unter ihn gestellt. Zu dieser häretischen Richtung gehören der Arianismus, der die Gottheit des Sohnes, und der Mazedonianismus, der jene des Heiligen Geistes leugnete.
- Der *Tritheismus* schließlich setzte Natur und Person in Gott gleich, wodurch an die Stelle der von drei Personen getragenen göttlichen Wesenseinheit drei lediglich numerisch unterschiedene Individuen („drei Götter“) treten.[8]

[8] Dem Irrtum des Tritheismus ist auch Martin Luther erlegen, sofern für ihn Person und Wesenheit in Gott identisch sind. Ausgehend vom Personbegriff des Neuplatonikers Porphyrius, wonach mehrere Menschen ein Mensch sind, argumentiert er: „Wie deshalb Mensch gemeinsam von verschiedenen Menschen ausgesagt wird und doch die Substanz der Sache bezeichnet, so ist Person in den göttlichen Dingen ein gemeinsamer Name für mehrere und bedeutet die Substanz der Gottheit“ (WA 9, 48, 23-27). Folglich besteht zwischen Katholizismus und Protestantismus ein Gegensatz, der bis ins Gottesbild hineinreicht und die ökumenische Floskel von „Gemeinsamkeiten“ als Irrtum entlarvt.

Gegen diese drei Irrtümer[9] wandte sich Papst Dionysius (259-268) in einem Lehrschreiben von „epochemachender Bedeutung“[10] und bereitete dadurch den Boden für die Konzilien von Nicäa (325) und Konstantinopel (381).

Das *Symbolum Nicaenum*, entstanden zur Abwehr des Arianismus, betont die Gottheit des Sohnes und damit seine Wesensgleichheit mit dem Vater[11], das *Symbolum Nicaeno-Constantinopolitanum* gegenüber dem Mazedonianismus auch jene des Heiligen Geistes[12]. Die dogmengeschichtliche Bedeutung gerade des Konzils von Nicäa liegt in der Bewertung bzw. Rezeption des katholischen Dogmas als der richtige(n) Mitte zwischen den extremen Irrtümern der Sabellianer und Juden einerseits und der Arianer und Heiden andererseits, indem es mit jenen die Unmöglichkeit behauptete, die göttliche Natur als vervielfältigt zu denken, ohne jedoch den Unterschied der Personen zu leugnen, mit diesen aber den Unterschied der Hypostasen annehme, ohne jedoch deren Einheit auf bloße Ähnlichkeit oder auch Gleichheit des Wesens zu beschränken.[13]

Gerade in bezug auf das Judentum kommt den Konzilien von Nicäa und Konstantinopel im historischen Rückblick eine Bedeutung zu, die unter theologiegeschichtlichem Aspekt kaum gewürdigt worden ist. Im Zuge des heute verbreiteten jüdisch-christlichen Dialogs wird vielfach die Ansicht vertreten, das Christentum sei aus dem Judentum in einer Art evolutionsgeschichtlicher linearer Fortentwicklung hervorgegangen

---

9 Eine andere Gliederung der Irrtümer in Bezug auf die Heiligste Dreifaltigkeit nimmt Schmaus vor, indem er den Subordinatianismus und den Tritheismus zusammen als „zweiten Irrtum“ bezeichnet. Der dritte Irrtum, der allerdings zur Väterzeit noch nicht aktuell war, ist in der idealistischen Philosophie des 19. Jahrhunderts grundgelegt und in der Philosophie Hegels vollendet. Gott entwickelt sich demzufolge durch die Weltschöpfung und Erlösung hindurch zur Dreipersönlichkeit. Vgl. Michael Schmaus, *Katholische Dogmatik. Erster Band. Einleitung – Gott der Einige und Dreieinige.* München ²1939, 170f. Dieser dritte Irrtum geht im Grunde auf die Trinitätsvorstellung Luthers zurück, sofern darin das Sein in Gott mit einem dialektischen Werdeprozess vertauscht wird. Dadurch bereitet Luther die Basis für die Hegelianische Philosophie. Ausführlich erläutert ist dieser Fragenkomplex in: Alma von Stockhausen, *Der Geist im Widerspruch.* Von Luther zu Hegel. Schriftenreihe der Gustav-Siewerth-Akademie, Band 3. Bierbronnen ³2003, bes. 32-44

10 Scheeben aaO Nr. 687

11 DH 125f.

12 DH 150

13 Ebd. Nr. 845. (Herv. orig.) Scheeben beruft sich an dieser Stelle auf Gregor von Nyssa, weist aber auch darauf hin, dass ähnliche Gedanken den Kirchenvätern des 4. Jahrhunderts geläufig waren. Gregor von Nyssa gehört zu den wichtigsten Synodalen des Konzils von Konstantinopel, das auf die Aussagen der Konzilsväter von Nicäa zurückgriff.

(„jüdische Wurzeln des Christentums").[14] Thesen dieser Art sind unter heilsgeschichtlichem Aspekt unhaltbar: Denn der Neue Bund Gottes mit den Menschen wurde durch das Kreuzesopfer auf Golgotha besiegelt, was nicht zuletzt im zerrissenen Tempelvorhang (Mt 27, 51) als Bild des nunmehr beendeten Alten Bundes zum Ausdruck kommt. Die „Entwicklungsthese" leugnet daher die für den Neuen Bund wesentliche Dimension der Gnade und degradiert den christlichen Glauben zu einer Art evolutionistischer Naturreligion unter Hintansetzung der neutestamentlichen Offenbarung und des Erlösungswerkes Jesu Christi. Die Tatsache, dass das Christentum im historischen Kontext des alttestamentlichen Judentums entstanden ist, bedeutet keine theologische Konditionierung des Christentums durch das Judentum im Sinne etwa eines „älteren Bruders". Sicher gab es manche Übergangsformen zwischen Judentum und Christentum, wie etwa einzelne judenchristliche Gruppen, die sich zwar taufen ließen, aber dennoch an überlieferten jüdischen Bräuchen festhielten. Mit dem Konzil von Nicäa ist jedoch durch die Anerkennung der Wesensgleichheit von Vater und Sohn auch auf der Ebene der theologischen Reflexion ein endgültiger Schlussstrich mit dem Judentum gezogen, und zwar durch den Ausschluss auch jener judenchristlichen Gruppierungen, deren Trinitätslehre von jener der „Großen Kirche" abwich.[15] Denn der Hauptpunkt des Dogmas, den Scheeben so treffend formuliert, ist nicht nur mit dem starren Monotheismus und dem Subordinatianismus unvereinbar, sondern widerstreitet zugleich allen Versuchen, biblisches Gottesbild und Trinität auch nur gedanklich zu trennen:

> Diese drei Träger oder Inhaber [d.i. die drei göttlichen Personen] unterscheiden sich **sachlich** nicht von der ihnen gemeinschaftlichen Wesenheit und Natur, [...], sondern stellen nur drei verschiedene Weisen dar, wie die göttliche Wesenheit und Natur als absolut selbständige und individuelle Substanz sich selbst angehört.[16]

---

[14] Dieser Vergleich mit den jüdischen Wurzeln des Christentums bewegt sich auf der gleichen Ebene wie etwa die Behauptung, der menschliche Geist habe sich von selbst aus der Materie in einer Art Höherentwicklung geformt.

[15] Die Konzilsväter verwarfen vor allem das Konzept einer von judenchristlichen Gruppen vertretenen „Familien-Trinität", bestehend aus dem einen Vater, einer Mutter (dem Heiligen Geist) und einem Sohn, weil sie darin eine Verkehrung der innertrinitarischen Hierarchie sahen. Vgl. dazu Emanuele Testa, *The Faith of the Mother Church*. Jerusalem 1992, 70f.

[16] Scheeben aaO, § 106, Nr. 706. (Anm. orig.) Der gemeinsame Besitz des göttlichen Wesens ist durch die rein heilsökonomisch ausgerichtete Trinitätsvorstellung der damaligen Judenchristen zumindest indirekt in Frage gestellt, da der Geist darin in einer Art Mutter-Rolle als versöhnendes Element zwischen Vater und Sohn auftritt und der Sohn dadurch im Hintergrund verschwindet. Diese Trinitätsvorstellung deutet in jedem Fall in Richtung Subordinatianismus.

Eine resümierende Verurteilung aller antitrinitarischen Irrtümer der Antike erfolgte durch eine römische Synode (382) unter Papst *Damasus*[17]. Das sog. *Symbolum Quicumque* (Athanasianum) aus dem 5./6. Jahrhundert enthält eine formelle Zusammenfassung der kirchlichen Trinitätslehre, mit besonderer Betonung der Wesenseinheit und Dreipersönlichkeit Gottes[18]. Dabei hebt es nachdrücklich hervor, dass alle Wesensattribute jeder einzelnen göttlichen Person aufgrund der göttlichen Wesenseinheit zukommen, dass aber diese Attribute nicht vervielfältigt und daher auch nicht in der Mehrzahl ausgesagt werden können. Die vollkommenste symbolische Formulierung der Trinitätslehre aus der patristischen Zeit ist das Symbolum der *11. Synode von Toledo* (675), das im Rückgriff auf die Texte der Kirchenväter und früherer Synoden entstanden ist[19].

Im Mittelalter ist die kirchliche Trinitätslehre unter zwei Aspekten nochmals genau formuliert. Das *IV. Laterankonzil* (1215) hat durch die Verurteilung des Abtes Joachim von Fiore den tritheistischen Irrtum mit Hinweis auf die absolute Identität der göttlichen Substanz in den drei Personen erneut zurückgewiesen:

> Diese heilige Dreifaltigkeit, dem **gemeinsamen Wesen** nach **unteilbar** und den **Eigentümlichkeiten der Personen** nach **unterschieden**, hat zuerst durch Moses, die heiligen Propheten und ihre anderen Knechte nach wohlgefügter Anordnung der Zeiten dem Menschengeschlecht die Heilslehre mitgeteilt.[20]

Eine Gesamtdarstellung der Trinitätslehre, die als „Schluss-Stein der dogmatischen Entwicklung“[21] betrachtet werden kann, gibt das *Konzil von Florenz* im Decretum pro Jacobitis (1441). Darin wird nochmals die bereits im Dekret über die Union mit den Griechen (1439) deklarierte Einheit der Wechselbeziehung der göttlichen Personen hervorgehoben, die im Hervorgang des Heiligen Geistes aus dem Vater und dem Sohn gründet:

> ... einen wahren, allmächtigen, unveränderlichen und ewigen G o t t , den Vater und den Sohn und den Heiligen Geist, e i n s i m W e s e n , d r e i f a l t i g i n d e n P e r s o n e n ; der Vater (ist) ungezeugt, der

17 DH 152-176

18 DH 75f.

19 DH 525-531

20 DH 800 (Herv. G.W.) Bemerkenswert ist in diesem Zusammenhang der Hinweis auf das Wirken der Heiligsten Dreifaltigkeit von Beginn der Heilsgeschichte an. Zur Ablehnung der Irrlehren Joachims von Fiore vgl. DH 803-808

21 Scheeben aaO, § 106, Nr. 702; Ott aaO, 97

> Sohn aus dem Vater gezeugt, der Heilige Geist aus dem Vater und dem Sohne hervorgehend.[22]

Diese eindeutigen Glaubensaussagen der Theologen und Kirchenväter des 3. und 4. Jahrhunderts waren grundlegend für die Vertiefung der theologischen Reflexionen zum Trinitätsgeheimnis in Patristik und Scholastik.

Die Trinitätslehre in Patristik und Scholastik[23]

Wegbereiter und entscheidende Autorität für die mittelalterliche Trinitätsspekulation, die entscheidende Herausforderung für den philosophisch-theologischen Diskurs dieser Epoche, war der Kirchenvater *Augustinus*. Seine Reflexionen setzen bei der Einheit des göttlichen Wesens an, die jedoch bei ihm untrennbar mit der Trinität verknüpft ist, wie dies etwa in den Wendungen „Gott ist die Trinität"[24] und „die Trinität ist der eine wahre Gott"[25] zum Ausdruck kommt. Von diesem Ausgangspunkt sucht er die Dreiheit der Personen anhand der Kategorie der Relation denkerisch zu erschließen:

> Wenn auch Vater und Sohn verschieden sind, so liegt doch keine Substanzverschiedenheit vor; denn die Bestimmungen Vater und Sohn betreffen **nicht die Substanz**, sondern die **Beziehung.**[26]

Die charakteristischen Merkmale der drei göttlichen Personen sieht Augustinus somit in den innertrinitarischen Relationen begründet, die in einem weiteren Schritt, der heilsökonomischen Perspektive, den Ausgangspunkt für das Wirken bzw. die Widerspiegelung der Trinität in der Heilsgeschichte bilden. Gerade das Mittelalter übernahm und

---

22 DH 1330 (Herv. orig.). Die Konzilsväter stellen die grundsätzliche dogmatische Vereinbarkeit zwischen dem „aus dem Vater und dem Sohn" („filioque") der abendländischen Kirche und der ursprünglichen griechischen Formel „aus dem Vater durch den Sohn" fest. Im Gegensatz zur katholischen Kirche lehrt jedoch die griechisch-orthodoxe Kirche seit dem 9. Jahrhundert, dass der Heilige Geist nicht aus dem Vater und dem Sohn, sondern nur aus dem Vater hervorgeht.

23 Im folgenden werden nur jene Aspekte behandelt, die für das Verständnis der Abhandlungen Edith Steins von Bedeutung sind.

24 De Trin. VII 6,12

25 De Trin. I 6,10f.

26 De Trin. V 5,6 (Herv. G.W.). Vgl. dazu auch den Kommentar von Ott aaO, 118: „... dass die Wechselbeziehungen in Gott **nicht bloß logische oder gedachte**, sondern **reale Beziehungen** sind. Andernfalls würde die Dreiheit der Personen zu einer bloß logischen Trinität verflüchtigt. Denn der Unterschied der drei göttlichen Personen ist nicht in der göttlichen Wesenheit, sondern in den gegenseitigen Beziehungen der Personen zueinander begründet." (Herv. G.W.)

vertiefte seine Deutung der Trinität, nämlich des Vaters als principium trinitatis (Ursprung der Trinität), des Sohnes als dessen Abbild und Urbild der Schöpfung, des Heiligen Geistes als donum (Gabe) und vinculum trinitatis (Band der Trinität).[27] In der Schöpfung ist für Augustinus die augenscheinlichste Entsprechung der Trinität im menschlichen Geistesleben zu finden, dessen Einheit sich in der Dreiheit von Gedächtnis, Verstand und Wille und deren relationaler Ausrichtung verwirklicht:

> Diese drei also, Erinnerung, Einsicht und Wille, sind, da sie nicht drei Leben sind, sondern ein Leben und nicht drei Geister, sondern ein Geist, folgerichtig auch nicht drei Substanzen, sondern eine Substanz. [...] Diese drei sind daher dadurch eins, dass sie ein Leben, ein Geist, ein Wesen sind. [...] Drei indes sind sie dadurch, dass sie aufeinander bezogen werden.[28]

Die Ausrichtung an den innertrinitarischen Relationen und analog dazu am menschlichen Geist hat bei Augustinus Vorrang gegenüber der nach außen gerichteten heilsökonomischen Perspektive. Der Personbegriff selbst wird indes von Augustinus nicht so deutlich thematisiert.
Ihren Höhepunkt erreicht die augustinische Trinitätsspekulation in ihrer Rezeption durch *Thomas von Aquin*. Sein Ansatzpunkt ist die Vollendung des göttlichen Seins als „Wirklichkeit alles Wirkens und Vollkommenheit aller Vollkommenheiten“[29]. Gott ist folglich sein Verstehen selbst, da er sich selbst vollkommen erkennt und zugleich vollkommen liebt. Diesen offenkundig an Augustinus' psychologischer Trinitätsreflexion inspirierten Gedanken verbindet Thomas mit der Trinitätslehre der Offenbarung und begründet damit die innertrinitarischen Hervorgänge von Erkennen und Liebe bzw. von Sohn und Geist:

> In Gott sind Sein und Verstehen ja dasselbe. Also besitzt das **Wort Gottes**, dessen Wort es dem verstehbaren Sein nach ist, **dasselbe Sein wie Gott**, dessen Wort es ist. Und so ist es notwendig, dass es desselben Wesens und derselben Natur ist wie er und dass alles, was immer von Gott ausgesagt wird, dem Worte Gottes zukommt.[30]

---

[27] Vgl. dazu Alfred Schindler, *Augustin/Augustinismus I.* In: Theologische Realenzyklopädie. Band IV. Berlin/New York 1979, 646-698. Hier: 687

[28] De Trin. X 11,18

[29] Pot. q 7 a 2 ad 9

[30] Comp I, 41. (Herv. G.W.).Vgl. auch ScG IV c. 11: „... dass der im Erkennen hervorgebrachte Begriff in Gott die göttliche Wesenheit selber sein (muss)“.

Die Liebe setzt das Verstehen voraus und leitet sich zugleich davon ab, wodurch „das verstandene Gute an sich liebenswert (ist)“[31]. Auf diese Weise begründet Thomas das Hervorgehen des Geistes aus dem Vater und dem Sohn und verweist dabei unverkennbar auf das Glaubensbekenntnis:

> Wie der Sohn das Wort des Vaters, so ist der Heilige Geist die Liebe des Vaters und des Sohnes und geht aus beiden hervor; und wie das Wort gleicher Wesenheit mit dem Vater ist, so auch die Liebe mit dem Vater und dem Sohn; und deshalb heißt es, der vom Vater und vom Sohne ausgeht.[32]

Diese Beziehungen der göttlichen Personen untereinander, nämlich Vaterschaft, Sohnschaft und Hauchung (des Geistes) konstituieren die drei mit dem Wesen Gottes identischen göttlichen Personen. Aus diesen göttlichen Relationen leitet sich das sog. trinitarische Grundgesetz ab, dass nämlich in Gott alles eins ist, soweit nicht ein Gegensatz der Relation entgegensteht.[33] Dabei ist das eine Wesen Gottes mitteilbar, die göttlichen Personen hingegen sind substantielle (in sich selbst gründende) unmitteilbare innergöttliche Beziehungen.[34]
Dieses Verhältnis von Wesen und Person in Gott wird im Werk von Edith Stein, unter Berufung auf Augustinus und in Anlehnung an die Scholastik, in einer um die moderne Bewusstseins-Philosophie erweiterten Perspektive eingehend interpretiert.

Die Trinität im Werk von Edith Stein

Einer der bestimmenden Faktoren im Werk Edith Steins besteht im Rückgriff auf die Offenbarung für alle jene Fragen und Themenbereiche, für deren Verständnis die natürliche Vernunft nicht ausreicht. Auf diese Weise entsteht eine „christliche Philosophie“, in der die Offenbarungsinhalte reflektiert und mit philosophischen Erkenntnissen zu einer Einheit zusammengefasst werden. Denn Edith Stein war ganz im Sinne Augustinus’ überzeugt, dass „d i e Wahrheit, an der alles gemessen wird – und das ist die Übereinstimmung mit dem göttlichen Geist – nur

31 Comp I, 45
32 In Apost. 8,4. Vgl. auch ScG IV c. 19: „Füglich wird Gott, welcher auf die Weise der Liebe hervorgeht, Lebenshauch genannt, der gleichsam durch Hauchung existiert.“
33 S. th. I q. 40 a. 2. Dieses Grundgesetz wurde zuerst von Anselm von Canterbury formuliert und auf dem Konzil von Florenz im Decretum pro Jacobitis bestätigt (DH 1330).
34 S. th. I q. 29 a. 4

e i n e (ist)“[35]. Dadurch sind bei Edith Stein die Grenzen zwischen Vernunft- und Glaubenserkenntnis viel enger gezogen als bei Thomas von Aquin, der diese Position des Augustinus, die „eine Wahrheit“, ausdrücklich abgelehnt hat. Durch ihre Orientierung an Augustinus kann Edith Stein die Analogien der Trinität im menschlichen Geist bereits im anthropologischen Bereich bestimmen und darüber hinaus das Geheimnis der Dreifaltigkeit in einem ganzheitlichen Ansatz von Phänomenologie (Bewusstseinsphilosophie) und augustinischer Exegese in neuen Perspektiven reflektieren.
Bereits in ihrer philosophischen Anthropologie stellt sie das trinitarische Gottesbild in seiner Widerspiegelung im menschlichen Geist den zeitgenössischen Strömungen, besonders dem Humanismus und der Tiefenpsychologie, und deren verkürzter Sicht des Menschen entgegen. Sie beruft sich dabei auf ein weiteres augustinisches Analog im menschlichen Geist, nämlich Geist, Erkenntnis, Liebe:

> Erkenntnis und Liebe sind im Geist, sind also eins mit ihm, sind sein Leben. Und doch sind sie von ihm und voneinander unterscheidbar. Die Erkenntnis wird aus dem Geist geboren, und aus dem erkennenden Geist geht die Liebe hervor. Und so kann man **Geist, Erkenntnis** und **Liebe** als **Abbild** des **Vaters**, des **Sohnes** und des **Hl. Geistes** ansehen.[36]

Diese Einprägung der Trinität in den menschlichen Geist ist für Stein kein „bloßes Gleichnis“, sondern hat vielmehr „eine sehr reale Bedeutung“:

> Der Mensch *ist* nur durch Gott, und ist, *was* er ist, durch Gott. Weil er Geist ist und weil er als Geist mit dem Licht der Vernunft, d.h. mit dem Abbild des göttlichen Logos, ausgerüstet ist, kann er erkennen. Weil der Geist Wille ist, wird er durch die Güte – die reine Güte und ihre Abbilder – angezogen, liebt er und kann sich mit dem göttlichen Willen vereinigen und dadurch erst die wahre Freiheit finden. Den eigenen Willen dem göttlichen Willen gleichförmig zu machen – das ist der Weg, der zur Vollendung des Menschen in der Glorie führt.[37]

Beim Menschen ist das Sein von dem, was er ist, von der konkreten Verwirklichung des Seins, getrennt. Bei Gott hingegen fallen Sein und Was-Sein zusammen. Von dieser klassischen Erkenntnis ausgehend

---

[35] Vorbemerkung von Edith Stein in: *Übersetzungen III. Thomas von Aquin, Über die Wahrheit I.* ESGA 23. Freiburg 2007, 4

[36] Edith Stein, *Der Aufbau der menschlichen Person.* Philosophische Anthropologie (abgekürzt: AMP). Edith-Stein-Gesamtausgabe (ESGA) 14. Freiburg 2004, 9 (Herv. G.W.)

[37] Ebd. 9f. (Herv. orig.)

stellt Edith Stein in ihrem späteren religionsphilosophischen Werk die Frage nach der Existenz, in weiterer Folge aber auch nach dem Wesen Gottes. Im Unterschied zu Thomas nimmt sie aber nicht einmal eine gedankliche Trennung von Wesen und Sein in Gott vor: „Gottes Name bezeichnet Wesen und Sein in ungeschiedener Einheit." Daher ist für sie die Gottesfrage letztlich nur durch die Offenbarung zu lösen. Edith Stein beruft sich dabei in Anlehnung an die augustinische Exegese auf Ex 3,14: „Ich bin, der Ich bin" und sieht in diesem göttlichen Sein das „*Sein in Person*" ausgesprochen.[38]
Diese Personalität Gottes erklärt Edith Stein zunächst in Verbindung mit den philosophischen Gottesbeweisen. So könne nur eine Person erschaffen, d.h. kraft ihres Willens ins Dasein rufen. Diese schöpferische Tätigkeit ist notwendigerweise eine freie Tat. Auch den teleologischen Gottesbeweis interpretiert Edith Stein in Zusammenschau mit der Personalität Gottes:

> Nur durch ein vernünftiges Wesen kann eine Vernunftordnung ins Werk gesetzt werden; nur ein erkennendes und wollendes Wesen kann Zwecke setzen und Mittel darauf hinordnen.[39]

Daraus leitet Edith Stein die beiden Wesensmerkmale der Person, nämlich Vernunft und Freiheit, ab. In einem weiteren Schritt erläutert sie den Zusammenhang von Personsein und Ich:

> Der Name, mit dem jede Person sich selbst als solche bezeichnet, ist ‚*Ich*'.[40]

Diese Selbstbezeichnung stehe aber nur einem Seienden zu,

> das in seinem Sein seines eigenen Seins inne ist und zugleich seines Unterschiedenseins von jedem anderen Seienden.[41]

Dieses unmittelbare Innesein des eigenen Seins, das ursprüngliche Wissen um sich selbst, gehört daher wesenhaft zum geistigen Sein und Personsein, göttlichem wie menschlichem. Allerdings ist beim Menschen das unmittelbare Innesein des eigenen Selbst und Seins keine klare und vollkommene Erkenntnis, sondern nur ein „dunkles, unumgrenztes und ungeformtes Spüren"[42]. Denn das Ichleben bzw. Ichbe-

---

[38] Edith Stein, *Endliches und ewiges Sein.* Versuch eines Aufstiegs zum Sinn des Seins (abgekürzt: EES). ESGA 11/12. Freiburg 2006, 293 (Herv. orig.)

[39] Ebd. 294

[40] Ebd. 294 (Herv. orig.)

[41] Ebd.

[42] Ebd. 298

wusstsein des Menschen – so das Argument Edith Steins – deckt sich nicht mit seinem Sein, sondern ist vielmehr davon abhängig. Daher ist der Geist des Menschen „für sich selbst sichtbar, aber nicht restlos durchsichtig“, ähnlich einer Kerzenflamme, „die leuchtet, aber von einem selbst nicht leuchtenden Stoff genährt wird, [...] ohne durch und durch Licht zu sein“[43].

Im Unterschied zu diesem menschlichen Ichleben in seiner Gegensätzlichkeit von umgrenzender Form und sie füllendem Inhalt besitzt das ewig-gegenwärtige göttliche Ich-Leben „alle Fülle in sich und aus sich selbst“. Das göttliche „Ich bin“ ist „ewig-lebendige Gegenwart, ohne Anfang und ohne Ende, ohne Lücken und ohne Dunkelheit.“ Dieses Ich bin heißt:

> Ich lebe, Ich weiß, Ich will, Ich liebe – all das nicht als ein Nacheinander oder Nebeneinander [...], sondern von Ewigkeit her völlig eins.[44]

Daher sind Ich und Leben in Gott“ nicht zweierlei, sondern untrennbar eins: die *„Fülle des Seins persönlich geformt*“[45].

Das Personsein Gottes bedeutet daher für Edith Stein, dass das göttliche Sein sich seiner selbst notwendigerweise inne sein muss, was durch die Erzeugung eines vollkommenen „Ebenbildes“ Gottes in Seinem Sohn erfolgt. Das Personsein des Sohnes ist daher

> nicht die Hervorbringung eines neuen Seins außer dem göttlichen und eines zweiten göttlichen Wesens, sondern die innere, geistige Umfassung des *einen* Seins.[46]

Die zweite göttliche Person ist somit der perfekte Ausdruck des Wissens Gottes um sich selbst, „vollkommen klar und sein ganzes unendliches Sein lückenlos und unverfälscht umfassend.“[47] Der Sohn ist auch deshalb das vollkommene Ebenbild des Vaters und nicht nur Abbild wie der Mensch, weil sich Gott im menschlichen „Selbst-Bewusstsein“ nicht vollkommen aussprechen und erkennen kann. Daher besteht ein inniges Einssein zwischen Vater und Sohn, die jedoch zugleich des „Wir“ bedarf, als jener notwendigen Form, „in der wir das Einssein einer Mehrheit von Personen erleben“.[48] Diese verbindende Kraft, die

---

[43] Ebd. 310
[44] Ebd. 295
[45] Ebd. 295 (Herv. orig.)
[46] Ebd. 298 (Herv. orig.)
[47] Ebd.
[48] Ebd. 299

das göttliche Wesen als das vom Sohn „erkannte“ umfasst, muss ebenfalls eine göttliche Person sein, der Heilige Geist. In diesem innertrinitarischen Einssein,

> einer vollkommene(n) Einheit des Wir, wie sie von keiner Gemeinschaft von endlichen Personen erreicht werden kann,[49]

bleibt aber die Verschiedenheit der Personen erhalten, die gemeinsam das eine, unteilbare göttliche Wesen tragen.[50]
Im Unterschied zum menschlichen Personsein bedingt das unterschiedliche Personsein von Vater, Sohn und Geist jedoch keine Wesensverschiedenheit der drei göttlichen Personen. Gottes „persönliche Eigenart“ ist nämlich das „allumfassende Sein, das *als* allumfassendes einzig und von allem Endlichen verschieden ist“[51]. Das unteilbare Wesen Gottes ist die Liebe, die „völlig freie, von allem Geschaffenen unabhängige, wandellose Wechselliebe der göttlichen Personen“:

> Was sie [die göttlichen Personen] einander schenken, ist das einige, ewige, unendliche Wesen und Sein, das eine jede vollkommen umfasst und alle zusammen.[52]

Diese Liebe kann sich aber nur in einer Mehrheit von Personen verwirklichen:

> Weil Gott die Liebe ist, muss das göttliche Einssein einer Mehrheit von Personen sein und sein Name „**Ich bin**“ ist daher gleichbedeutend mit einem „**Ich gebe mich ganz hin an ein Du**“, „bin eins mit einem Du“ und darum auch mit einem „**Wir sind**“.[53]

Das Geheimnis des dreifaltigen göttlichen Seins erschließt sich aber nicht nur über die Liebe, sondern auch über das göttliche Sein als Leben, über die göttliche Selbst-Bewegung, die für Edith Stein einen weiteren Zugang zur Trinität darstellt. Im Unterschied zur Erschaffung des Endlichen, das ins Dasein hinein bewegt wird, und zum endlichen Zeugen, einer Bewegung über sich selbst hinaus, ist das innertrinitarische Leben aus dieser Sicht

> eine ewige Bewegung in sich selbst, ein ewiges Sich-selbst-schöpfen aus der Tiefe des eigenen unendlichen Seins als schenkende Hingabe des

49 Ebd.
50 Vgl. ebd. 306
51 Ebd. 299 (Herv. orig.)
52 Ebd. 300
53 Ebd. 299 (Herv. G.W.)

ewigen Ich an ein ewiges Du und ein entsprechendes ewiges Sichempfangen und Sichwiederschenken.[54]

Das in diesem gegenseitigen Geben und Empfangen Gegebene und Empfangene wird nochmals gemeinsam aus sich hervorgebracht, weil die göttliche Liebe fruchtbar sein muss:

> Darum schließt sich der Ring des innergöttlichen Lebens in der **dritten Person**, die **Gabe**, **Liebe** und **Leben** ist.[55]

Eine solche Deutung des Trinitätsgeheimnisses, wie sie Edith Stein auf der Grundlage der Bewusstseinsphilosophie („Ich bin") und in Anlehnung an die augustinische Exegese vornimmt, schließt jeden reinen Monotheismus und alle übrigen, vom Lehramt verurteilten Verkehrungen der innertrinitarischen Relationen aus, was auch das Konzept der menschlichen Person entsprechend beeinflusst.

---

[54] Ebd. 300
[55] Ebd.

Die Bedeutung der hl. Eucharistie bei Edith Stein[1]

Zu den wesentlichen Merkmalen im Leben der hl. Teresia Benedicta a Cruce, Edith Stein, die von Papst Johannes Paul II. zu einer der Patroninnen Europas ernannt wurde, gehört die Einheit von persönlicher Spiritualität und wissenschaftlichem Werk. Das Leben und die Vollendung der großen Heiligen war in das Geheimnis der hl. Eucharistie eingebettet: Seit ihrer Konversion am 1. Januar 1922 wohnte Edith Stein täglich der hl. Messe bei und empfing die hl. Kommunion; und als die Gestapo sie am 2. August 1942 verhaftete und nach Auschwitz deportierte, verweilte sie gerade bei der Anbetung des Allerheiligsten.
Ihre geistlichen Schriften und philosophisch-theologischen Abhandlungen enthalten wichtige Gedanken über den Wert der hl. Eucharistie, die auch für den Christen unserer Tage wegweisend sein können.

Die pädagogische Bedeutung der eucharistischen Wahrheiten

Eine Grundmaxime der philosophischen Schriften Edith Steins, die sie nach ihrer Bekehrung verfasst hat, besteht in der Einsicht, dass alles Endliche auf den Unendlichen, auf Gott, zurückverweist und nur von Ihm her begriffen werden kann. Daher ist für Edith Stein die Philosophie notwendig auf die Theologie und damit auf die Ergänzung durch die Offenbarungswahrheiten verwiesen, ohne damit ihre Eigenart als Philosophie aufzugeben. Sie betont deshalb auch die Bedeutung des Mysteriums, das für die natürliche Erkenntnis unzugänglich ist, für den katholischen Glauben, das sich aber auch in der praktischen Erziehungsarbeit auswirken muss:

> Aus welchem andern Grund sollte Gott die Schleier von Seinen Geheimnissen für uns gelüftet haben, als weil sie für uns zum Leben notwendig sind, zu *dem* Leben, zu dem wir berufen sind? Wenn aber eine Pädagogik darauf verzichtet, aus der Offenbarung zu schöpfen, so riskiert sie es, das Wesentlichste außer Acht zu lasen, was wir über den Menschen, sein Ziel und den Weg zu seinem Ziel wissen können.[2]

---

1 Erstveröffentlichung in: „Dienst am Glauben“, Heft 2, April-Juni 2011, 52-56. Mit freundlicher Genehmigung des Herausgebers P. Franziskus Federspiel OFSP

2 Edith Stein, Der Aufbau der menschlichen Person (im folgenden abgekürzt: AMP). Edith-Stein-Gesamtausgabe (ESGA) 14. Freiburg 2004, 162 (Herv. orig.)

Auf diese Weise wird die Pädagogik für Edith Stein zwar nicht zur Theologie, tritt aber dazu in eine wesenhafte und unaufhebbare Beziehung. Zu den grundlegenden Einsichten, die auch das pädagogische Bemühen prägen müssen, gehört die Hinfälligkeit und Erlösungsbedürftigkeit des Menschen und folglich der Wert des hl. Messopfers und der hl. Eucharistie:

> Letztes Ziel des Menschen ist das ewige Leben. Die Anwartschaft auf das ewige Leben ist der sündigen Menschheit wiedergewonnen durch den Kreuzestod Christi. Die Frucht der Erlösung muss durch die freie Tat jedes einzelnen Menschen persönlich angeeignet werden. Um diese persönliche Aneignung möglich zu machen, erneuert Christus sein Kreuzesopfer im Hl. Messopfer. Die freie Tat des Einzelnen, die ihn des ewigen Lebens teilhaftig macht, ist die Teilnahme am eucharistischen Opfer: … wenn er in aufrichtiger Opfergesinnung mit den Gaben sich selbst aufopfert, dann wird er mit den Gaben in Christus umgewandelt, wird ganz real lebendiges Glied des Leibes Christi; *wenn er in der Hl. Kommunion den Herrn in sich aufnimmt, dann trägt er ihn in sich, lebt in Christus und Christus in ihm.*[3]

Die Schlussfolgerung für Edith Stein: Das eucharistische Geschehen ist der „**wesentlichste pädagogische Akt:** Zusammenwirken Gottes und des Menschen, dessen Ergebnis die Gewinnung des ewigen Lebens ist".[4] Dieser Akt beginnt, sobald der Glaube an die eucharistischen Wahrheiten durch eine entsprechende Unterweisung des Lehrers geweckt und in die Tat umgesetzt wird. Dem Vorbild des Lehrers, seiner eigenen eucharistischen Formung, misst Edith Stein dabei eine große Bedeutung zu. Der Entschluss, den für ihn persönlich vorgesehenen Heilsweg zu gehen, muss aber im einzelnen Menschen durch Öffnung für die ihm angebotene Gnade geschehen, die besonders in der hl. Kommunion vermittelt wird. Die Auswirkung der eucharistischen Gnaden kann in den verschiedensten Formen erfolgen:

> Es kann eine Erleuchtung des Verstandes sein, die vorher blind hingenommene Glaubenswahrheiten verständlich und fruchtbar macht – etwa eine tiefe **Gotteserkenntnis** gibt und dadurch eine tiefe und lebendigere **Gottesliebe**; oder es kann das eigene Sein in diesem neuen Licht bis dahin verborgene Abgründe enthüllen und auf Grund einer täuschungsfreien **Selbsterkenntnis** erst echte **Reue** mit ihrer reinigenden und erneuernden Kraft möglich sein; es können **neue Aufgaben** sichtbar werden und zu-

3 AMP 162f. (Herv. G.W.)
4 Ebd. 163 (Herv. G.W.)

gleich die **inneren Quellen** aufbrechen, die Mut und Kraft geben, sie in Angriff zu nehmen und alle Hindernisse zu überwinden.[5]

Auf diese Weise bleiben die eucharistischen Wahrheiten „nicht mehr bloße Sätze". Sie sind im bereiten Menschen vielmehr eine „Lebenswirklichkeit, die ihn und sein Leben gestaltet. Sein eucharistisches Leben wird zum Zentrum seines gesamten Lebens"[6].
Das Leben mit dem Eucharistischen Herrn, die empfangene Gnade stellt damit auch große Anforderungen an denjenigen, der zum Tisch des Herrn hinzutritt. Wie Edith Stein in einem Vortrag über die *Eucharistische Erziehung* (1930, Speyer)[7] verdeutlicht, verlangt die sakramentale Gegenwart des Herrn auf den Altären ein stetes geistiges Verweilen vor dem Tabernakel:

> Der schlichte Sinn dieser Glaubenswahrheit verlangt es, dass wir hier unsere Heimat haben müssten, und von hier nur entfernten, soweit unsere Aufgaben es verlangten, und diese Aufgaben sollten wir täglich aus den Händen des eucharistischen Herrn entgegennehmen und das vollbrachte Tagewerk in seine Hände zurücklegen.[8]

Der Heiland verbindet den Empfang seines Leibes und den steten Wandel in seiner Gegenwart mit besonderen Gaben: „Er erwartet uns, um all unsere Lasten auf sich zu nehmen, uns zu trösten, zu raten, zu helfen als treuester, immer gleich bleibender Freund." Zugleich lässt er uns *„sein Leben mitleben,* besonders wenn wir uns anschließen an die *Liturgie* und darin sein Leben, ... das Werden und Wachsen seiner Kirche mit erfahren". Auf diese Weise verbindet uns die hl. Eucharistie mit dem Leben der gesamten Kirche:

> Dann werden wir aus der Enge unseres Daseins herausgehoben in die Weite des Gottesreiches; seine Angelegenheiten werden die unseren, immer tiefer werden wir mit dem Herrn verbunden und in ihm mit all den Seinen. Alle Einsamkeit hört auf, und wir sind unanfechtbar geborgen im Zelt des Königs, wandeln in seinem Licht.[9]

Diese „kirchliche" Dimension der hl. Eucharistie, auf der Grundlage der von der Kirche gelehrten Wahrheiten, erläutert Edith Stein später in ihrem theologischen Schrifttum.

---

5 AMP 166 (Herv. G.W.)

6 Ebd.

7 Dieser Vortrag entstand ungefähr zur gleichen Zeit wie die Schrift *Der Aufbau der menschlichen Person.*

8 Edith Stein: *Eucharistische Erziehung.* In: Bildung und Entfaltung der Individualität. Beiträge zum christlichen Erziehungsauftrag. ESGA 16. Freiburg 2001, 64

9 Ebd. 65 (Herv. Orig.)

Die hl. Eucharistie im Rahmen der *Theologischen Anthropologie*

Das einzige Werk, in dem Edith Stein rein theologisch argumentiert, ist ihre „theologische Anthropologie“ mit dem Titel *Was ist der Mensch?*, die ursprünglich als Vorlesung am „Deutschen Institut für Wissenschaftliche Pädagogik“ in Münster für das Sommersemester 1933 geplant war und sich als Fortsetzung und Vollendung der philosophischen Erwägungen zur Pädagogik verstand. Diese „theologische Anthropologie“ verdankt sich nach den Worten Edith Steins ihrem Bemühen, „Das *Bild des Menschen* herauszustellen, das in unserer *Glaubenslehre* enthalten ist“[10], und dadurch der Pädagogik ein transzendentes Fundament zu geben. Dieses Projekt bezeichnet Edith Stein schließlich als „dogmatische Anthropologie“[11], da sie darin die wesentlichen Dogmen im Zusammenhang mit der Natur des Menschen und der Erbsündenlehre, der Christologie, der Gnaden- und Sakramentenlehre erläutert. Gerade in diesem Werk gelangt Edith Stein zu einer kritischen Auseinandersetzung mit dem Modernismus: Im Gegensatz zu den „positiven Bestimmungen des Glaubens“ beschreibt sie die modernistischen Strömungen treffend als das, „was der Glaube *nicht* ist“[12]. In Abgrenzung von den verbreiteten Häresien gerade in bezug auf die reale Gegenwart Christi im Altarsakrament zitiert Edith Stein in ihrem Abschnitt über die hl. Eucharistie daher zuerst die Dekrete des Tridentinischen Konzils über die hl. Eucharistie, versieht sie aber anschließend mit eigenen Kommentaren. Sie betont vor allem die „doppelte Bedeutung“ der Eucharistie im Leben der Christen:

> Sie ist für jeden einzelnen Christen das „tägliche Brot“, um sein Gnadenleben zu nähren. Sie ist für die Gesamtheit der Erlösten das sacramentum unitatis, das, was den mystischen Leib zusammenhält; ohne sie ist kein Verständnis für das zu gewinnen, was die Kirche ist.[13]

Aus der realen Gegenwart im Altarsakrament ergibt sich die Notwendigkeit der Aufbewahrung im Tabernakel:

> Darum gehört es zu unsern Kirchen wesentlich, dass sie Wohnstätten des eucharistischen Gottes sind, und wir sehen darin die Erfüllung der Ver-

---

10 Edith Stein: Was ist der Mensch? Theologische Anthropologie (im folgenden abgekürzt: WIM). ESGA 15. Freiburg 2005, 3

11 WIM 3

12 Ebd. 173 (Herv. orig.)

13 Ebd. 110

heißung, dass Er bei uns bleiben wolle bis ans Ende der Welt. So hat man es auch in den Glaubenskämpfen des 16. Jahrhunderts als Beleidigung des eucharistischen Gottes angesehen, dass Ihm so viele Gotteshäuser entzogen wurden. Die Hl. Theresia z.B. hebt in der Schilderung ihrer Klosterstiftungen wiederholt hervor, dass sie es jedes Mal als eine Genugtuung für jenen Raub ansah, wenn es ihr gelungen war, wiederum ein Haus durch die Einsetzung der Hl. Eucharistie für den Herrn in Besitz zu nehmen. **So ist für uns die Hl. Eucharistie ebenso sehr das Herz der gesamten Kirche wie die Speise für die einzelne Seele.**[14]

Entgegen der heute üblichen Verschiebung vom Opfer zum Mahl insistierte Edith Stein auf dem Opfercharakter der hl. Eucharistie:

> Die Bedeutung der Eucharistie für die Einheit der Menschheit in sich und ihr Verhältnis zu Gott kann erst voll verständlich werden, wenn ihr Charakter als *Opfer* und wenn die Idee der *Kirche* im Zusammenhang erörtert wird.[15]

Leider war es Edith Stein nicht möglich, ihre Gedanken in diesem Kontext zu Ende zu führen, weil der Nationalsozialismus sie nach seiner Machtergreifung zur Aufgabe ihrer wissenschaftlichen Tätigkeit zwang. Es sind aber geistliche Texte aus der Zeit nach ihrem Eintritt in den Karmel (1933) erhalten, die das Geheimnis der hl. Eucharistie im Leben der Kirche beleuchten.

Geistliche Texte

In einer bekannten Schrift, *Das Gebet der Kirche* (1936), beleuchtet Edith Stein das Gebet der Kirche als Liturgie und Eucharistie. Ausgehend vom Einsetzungsbericht (Mt 26,26-28) erklärt sie den Zusammenhang von Wort, Opfer und Eucharistie im Leben der Kirche:

> Die alten Segenssprüche sind im Munde Christi *lebensschaffendes* Wort geworden. Die Früchte der Erde sind sein Fleisch und Blut geworden, von seinem Leben erfüllt. Die sichtbare Schöpfung, in die er sich schon durch die Menschwerdung hineinbegab, ist nun auf eine neue, geheimnisvolle Weise mit ihm verbunden... Die lebensschaffende Kraft des Wortes ist an das *Opfer* gebunden. Das Wort ist Fleisch geworden, um das Leben, das es annahm, hinzugeben; um sich selbst und die durch seine Selbsthingabe entsühnte Schöpfung dem Schöpfer als Lobopfer darzubringen. Durch das letzte Abendmahl des Herrn ist das Ostermahl des Alten Bundes übergeführt in das *Ostermahl* des Neuen Bundes: in das Kreuzesopfer von Golgotha und jene Freudenmahle der Zeit zwischen

[14] Ebd. 114 (Herv. G.W.); gemeint ist die hl. Theresia von Avila

[15] Ebd. 121

Ostern und Himmelfahrt, bei denen die Jünger den Herrn am Brotbrechen erkannten, und in das Messopfer mit der heiligen Kommunion.[16]

In der Liturgie des Neuen Bundes, ausgehend vom Eucharistischen Geschehen, sieht Edith Stein die gesamte Schöpfung sowie die Kirche im Himmel und auf Erden zum Lob Gottes durch, mit und in Christus vereint. Die Eucharistie wird damit zum einigenden Band der gesamten Schöpfung:

> Die Berge und Hügel, die Flüsse und Ströme, Meere und Länder und alles, was sie bewohnt, Wolken und Winde, Regen und Schnee, alle Völker der Erde, alle Stände und Geschlechter der Menschen, schließlich auch die Himmelsbewohner, die Engel und Heiligen:
> sie sollen also nicht nur durch ihre Abbilder von Menschenhand oder in Menschengestalt, sondern in eigener Person teilnehmen an der **großen Eucharistie der Schöpfung** – oder vielmehr, wir sollen uns durch unsere Liturgie mit ihrem ewigen Gotteslob verbinden.[17]

So zeigt sich, wie „*Opferhandlung*, *Opfermahl* und *Gotteslob* im Innersten zusammenhängen“[18]: Edith Stein stellt diese untrennbare Einheit, vor allem aber den Opfer-Charakter der Eucharistie im Leben des einzelnen Christen und als Bau-Stein der Kirche klar heraus:

> Die Teilnahme am Opfer und Opfermahl macht ja die Seele zu einem lebendigen Baustein der Gottesstadt – ja jede einzelne zu einem Tempel Gottes.[19]

Dieser Tempel ist inmitten der Wirren und Kämpfe des Weltgeschehens der Thron Gottes auf Erden, in der Kirche und in den einzelnen gottverbundenen Seelen, das „Zelt Gottes unter den Menschen“, nach dem von Edith Stein verfassten liturgischen Hymnus *Tabernaculum Dei cum hominibus:*

> Hier aber ist der Friede, hier des Lammes Thron auf Erden,
> Des Himmels heil'ger Vorhof.
> Und kein geschaff'ner Geist vermag zu fassen,
> Was Deine gnadenvolle Gegenwart
> An Wundern für die Ewigkeit bereitet
> In Herzen, die zum Tempel Dir geweiht.[20]

---

[16] Edith Stein: Geistliche Texte I. ESGA 19. Freiburg 2009, 46

[17] Ebd. 48 (Herv. G.W.)

[18] Ebd. 49 (Herv. orig.)

[19] Ebd.

[20] Edith Stein: Geistliche Texte II. ESGA 20. Freiburg 2007, 42ff. – Vgl. zu diesem Abschnitt: Offb 7,17; 1 Kor 6,19

Von seinem verborgenen Thron in der Kirche und im gottverbundenen Menschen aus wirkt der Herr bis zu seinem Erscheinen in Herrlichkeit. Alles Geschaffene sehnt sich nach der Vollendung in Ihm:

> Mein Herr und Gott, in Brotsgestalt verborgen,
> Wann zeigt Du Dich in offenbarer Herrlichkeit?
> In Wehen liegt die Welt,
> Es harrt die Braut:
> komm bald![21]

[21] Ebd. 44. – Vgl. zu diesem Abschnitt: Joh 20,28; Joh 14,22; Mt 24,8; Offb 22,17

Im Verlag **Kardinal-von-Galen-Kreis e.V.**
(bisher: Initiativkreis Münster e.V.) erschienene Bücher

1. Berichtbände (BB) der Osterakademien:

Kirche - Zeichen des Widerspruches. Gnosis, Aufklärung, New Age - Hintergründe der gegenwärtigen Kirchenkrise. BB 1996, ISBN 3-00-003452-8

„Deine Sprache verrät dich ja“ (Mt 26,73) - Theologie gegen das Lehramt. BB 1997, ISBN 3-00-005305-0

„Paßt euch nicht dieser Welt an!“ (Rö 12,2) - Katholische Moral - zeitgemäß? BB 1998, ISBN 3-00-011999-X

Glaube, der ins Leben führt. BB 1999, ISBN 3-9809748-0-4

„Ut unum sint“ (Joh 17,21) - Vielfalt in der Einheit. BB 2000, ISBN 3-00-011332-0

„... eins in Christus Jesus“ (Gal 3,28) - Gottes Ordnung - des Menschen Heil. BB 2001, ISBN 3-00-014022-0

„Gehet hin in alle Welt und lehret alle Völker“ (nach Mt 28,19) - Selbstverständnis der katholischen Kirche, ihr Missionsauftrag und die Neuevangelisierung Europas. BB 2002, ISBN 3-00-013042-X

Die Furcht des Herrn ist der Anfang der Weisheit - Ökumene wohin? BB 2003, ISBN 3-00-012449-7

„Wird der Menschensohn, wenn er kommt, auf der Erde noch Glauben vorfinden?“ (Lk 18,8) - Wie katholisch sind wir eigentlich noch? BB 2004, ISBN 3-9809748-4-7

„Habt Mut! Ich habe die Welt überwunden!“ (Joh 16,33b) - Neuaufbrüche im Glauben. BB 2005, ISBN 3-9809748-5-5

„Prüfet die Geister ...“ (1Joh 4,1) - Viele Wege, aber der eine Heilsweg. BB 2006, ISBN 3-9809749-6-3 / 978-3-9809748-6-8

„Es gilt ... nicht mehr Mann und Frau“ (Gal 3,28) - Der göttliche Plan der Geschlechter. BB 2007, ISBN 3-9809748-7-1 / 978-3-9809748-7-5

„In den letzten Tagen werden schlimme Zeiten hereinbrechen“ (nach 2 Tim 3,1) - Der Antichrist und die Welt von heute. BB 2008, ISBN 978-3-9812187-0-1

„Die Wahrheit wird euch freimachen (Joh 8,32b) – Die Ewige Wahrheit – Stein des Anstoßes“. BB 2009, ISBN 978-3-9812187-2-5

„Du bist Petrus“ (Mt 16,18) – Der Papst - Hirte und Lehrer der Völker. BB 2010, ISBN 978-3-9812187-4-9

„„... um des Himmelreiches willen“ (Mt 19,12) – Leben in der Nachfolge Christi als Ärgernis für die Welt. BB 2011, ISBN 978-3-9812187-5-6

„Fürchte dich nicht, du kleine Herde“ (Lk 12,32) – Katholische Kirche in Deutschland zwischen Traditions- und Entscheidungskirche. BB 2012, ISBN 978-3-9812187-7-0

2. Sonstige:

„Wie sollen sie an den glauben, von dem sie noch nie gehört haben?“ (Rö 10,14b) - Der Kampf um den Religionsunterricht. Supplementband zum BB 2002, ISBN 3-9809748-2-0

„Lehrer des Glaubens“? - Luther einmal anders. Supplementband zum BB 2003, 3., ergänzte, neu bearbeitete und erweiterte Auflage 2010. ISBN 3-00-013720-3

Michael Krämer SDB, Jesus der Sohn und Bote Gottes. ISBN 3-9809748-1-2

Papst Paul VI., Echo der Stimme Gottes. Das Credo des Gottesvolkes von 1968. Mit einem Kurzkommentar versehen und neu herausgegeben von Joseph Overath. ISBN 3-9809748-3-9

Gabriele Waste, „Personaler Glaube“ gegen Dialektik - Martin Bubers Zwei Glaubensweisen im Spiegel der Kritik Josef Piepers. ISBN 3-9809748-8-X / 978-3-9809748-8-2

Der Wahrheit die Ehre! - Der Skandal von St. Pölten. ISBN 3-9809748-9-8/ 978-3-9809748-9-9

Onore alla verità! - Uno scandalo di „non“-diritto canonico. ISBN 978-3-9812187-1-8

Gabriele Waste, Genuin katholisch: Edith Stein. ISBN 978-3-9812187-6-3